U0723257

跨境电子商务系列精品教材
商务部十二五规划教材
全国外经贸职业教育教学指导委员会规划教材

跨境电子商务操作实务

主 编 陈 明 许 辉

中国商务出版社

图书在版编目（CIP）数据

跨境电子商务操作实务 / 陈明，许辉主编. —北京：中国商务出版社，2015.8（2017.2 重印）
跨境电子商务系列精品教材　商务部十二五规划教材　全国外经贸职业教育教学指导委员会规划教材
ISBN　978-7-5103-1379-0

Ⅰ. ①跨…　Ⅱ. ①陈…②许…　Ⅲ. ①电子商务—高等职业教育—教材 Ⅳ. ①F713.36

中国版本图书馆 CIP 数据核字（2015）第 206358 号

跨境电子商务系列精品教材
商务部十二五规划教材
全国外经贸职业教育教学指导委员会规划教材

跨境电子商务操作实务
KUAJING DIANZI SHANGWU CAOZUO SHIWU
陈明　许辉　主编

出　　版：中国商务出版社
地　　址：北京市东城区安定门外大街东后巷 28 号　　**邮　编**：100710
责任部门：职业教育事业部（010—64218072　295402859@qq.com）
责任编辑：魏　红

总 发 行：中国商务出版社发行部（010—64208388　64515150）
网　　址：http://www.cctpress.com
邮　　箱：cctp@cctpress.com

排　　版：北京科事洁技术开发有限责任公司
印　　刷：北京航天伟业印刷有限公司
开　　本：787 毫米×1092 毫米　1/16
印　　张：12　　**字　　数**：210 千字
版　　次：2015 年 5 月第 1 版　　**印　　次**：2017 年 2 月第 5 次印刷
书　　号：ISBN　978-7-5103-1379-0
定　　价：35.00 元

丛书编委会

本书编委会

总　序

跨境电子商务最近几年非常引人瞩目。根据《中国电子商务发展报告》，跨境电子商务每年以不低于30%的增长速度发展。特别是自从阿里巴巴于2014年年底在美国上市，电子商务的发展更是突飞猛进。2015年，国务院和相关部委密集出台若干政策，鼓励跨境电子商务发展，改革创新对外贸易的监管方式，不仅批准跨境电子商务试点城市，还推出新的海关监管代码，批准杭州成为跨境电子商务综合试点城市。政府监管方式创新的探索与企业转型和商业模式创新交相辉映，构成了中国对外贸易发展的新图景。

实际上，无论是企业界，还是学术界，大家对跨境电子商务的理解还存在很大的差距。正如对电子商务的理解千差万别一样，对跨境电子商务的理解更是不尽相同。也许人们已经厌烦了外贸电子商务的说法，借助于国外的“Cross - border E - commerce”一词，表达了在外贸领域创新电子商务发展的意愿。

在国外“跨境电子商务”通常被狭义理解，即跨境电子商务就是跨境网上零售，主要针对个体消费者、网上交易、网上支付。这些交易在网上进行，并不属于通常意义上的传统国际贸易。

广义理解，跨境电子商务就是外贸领域内互联网及信息技术的不同层次的应用以及所来的市场变化。这些变化，包括主体变化、手段创新、业务运作方式变化、商业模式创新等，甚至包括所带来的全球商业规则和法律环境变化。

互联网全球普及至今不到20年时间，这些年，全球市场发生了巨大变化，网络虚拟市场已经把人类带入了新的经济发展阶段。人类商业生态环境发生了突变。在这个变化中，有些物种适应不了生态环境变化就会被淘汰，有些物种会逐步调整来适应新的生态环境变化而继续生存下来，甚至在新的生态环境下会出现新的物种。而这些物种就是我们所说的商业模式。旧的商业模式在不断地被颠覆，新的商业模式层出不穷。

这就需要我们教学研究者不断跟随实践变化，总结这些规律，并把实践中最新发展赋予概念、理论，并传授给学生，让学生可以快速掌握最新的知识。

跨境电子商务系列教材就是在这个背景下产生的。2015 年 6 月 1 日，对外经济贸易大学国际商务研究中心与阿里巴巴一同完成并发布了《跨境电子商务人才研究报告》，该研究发现目前市场上严重缺乏跨学科的复合型人才。企业普遍认为，现有学科人才培养严重脱离实践，相关专业学生对跨境电子商务领域的知识了解很不够。当然，人类进入互联网时代才刚刚开始，商业模式的创新至少还要持续 10 ~ 15 年时间，有关跨境电子商务的发展格局还没有完全定型，新知识、新概念层出不穷。我们还需要一个认知过程。

这次跨境电子商务系列教材的撰写是在跨境电子商务领域进行知识总结的一次探索。我们注意到以往一些跨境电子商务的书籍，有些是业内人士从实践和操作角度写的操作手册，或者是经验介绍，有些则把跨境电子商务仅仅理解为跨境网络零售，大量地介绍如何进行网上开店等。而本系列教材试图全面介绍在国际贸易领域电子商务的发展以及所带来的运作方式、商业模式的变化，既要反映跨境网络零售的实践发展，又要反映在外贸 B2B 领域的电子商务的发展。我们认为，跨境电子商务的发展、跨境网络零售会是国际贸易长期的一个补充，各种围绕 B2B 跨境电子商务的发展有不可估量的潜力，而目前发展格局已经初露端倪，我们在教材撰写的时候已经考虑了这些发展实践和发展趋势。

由此可以看出，尽管理论和知识总结落后于实践，但是对现有实践的总结和提升会为各方读者提供一个全面看待跨境电子商务的视角。

鉴于教材编写教师所处领域不同，视角不同，我们努力把握一致的方向，但是也难免对跨境电子商务这一新生事物认识不够深入。错漏之处，敬请读者批评指正。

王　健　教　授
对外经济贸易大学国际商务研究中心主任
全国国际贸易实务研究会学术委员会主任
2015 年 8 月

前　言

随着网络经济和电子信息技术的快速发展，跨境电子商务在国际贸易中的地位和作用日益凸显，“跨境购”正逐渐成为国内消费者的“新宠”。

2013 年我国跨境电子商务增速在 30% 以上，而同期外贸总体增速仅为 7.6%，显示了跨境电商巨大的发展潜力。跨境零售电商让广大外贸企业把销售圈放眼全球，并在以巴西、以色列、阿根廷为代表的新兴市场取得了显著增长。2013 年，美国、英国、德国、澳大利亚和巴西五大跨境电子商务市场对我国商品的网购需求已达 679 亿元。同时，进口跨境电商的发展值得关注，2013 年中国海外代购交易规模达到了 98.27 亿美元，与 2012 年同期的 74.87 亿美元相比增长了 31.3%。跨境零售电商的井喷式发展，让广大的中小外贸企业看到了新的希望，将对我国外贸转型升级发挥重要的促进作用。

当今高校也在积极学习跨境电商方面的知识，但是跨境电商实务方面的还未有一套系统的教材，本书正是在这种背景下编写出版的。本书有几个特点：一是内容新，跨境电商很多都是新兴的知识和技术，本书的内容是编委会在对有关企业进行了大量调研的基础上写作而成。二是偏重技能操作，具体很强的操作性。面对的读者主要是外贸和跨境电商的从业者，内容涉及了跨境电商出口和进口的具体操作和政策方面的问题。

浙江工商职业技术学院陈明教授、许辉老师任本书主编并负责全书统稿，汕头市外语外贸职业技术学校陈树耀老师、山东外贸职业学院张雪梅老师任副主编。全书共分 9 章，其中第一章由浙江工商职业技术学院金毓老师执笔，第二章由钱律伟老师执笔，第三章由汕头市外语外贸职业技术学校陈树耀、李孟老师共同执笔，第四章由浙江工商职业技术学院陈静红老师执笔，第五章由咸宁职业技术学院操良红老师执笔，第六章由许辉老师执笔，第七章由宁波大红鹰学院李银燕老师执笔，第八章由陈明教授与许辉老师共同执笔，蒋铁阳老师提供了部分资料，第九章由山东外贸职业学院张雪梅老师执笔，杨丽敬老师提供了部分资料。

本书在编写过程中得到了敦煌网、宁波信儒电子商务公司谭燕经理、南京世格软件公司的大力帮助，对此我们深表感谢！本书在中国商务出版社吴小京、张高平两位编辑的大力帮助下得以顺利完成，一并感谢！

希望本书的出版，对各类进出口企业和跨境电商从业人员在进行跨境电商业务时有一定的参考作用。由于时间紧迫、能力有限，本书难免有不足之处，欢迎广大读者批评指正，以便不断改进和完善。

编　者
2015 年 8 月

目录

第1章　跨境电子商务概述

学习目标

通过本章学习，学生应了解跨境电子商务的含义、分类，清楚跨境电子商务行业的发展现状与存在问题，并且要掌握今后的发展趋势。

重点难点

本章重点难点是了解跨境电子商务行业的发展趋势，以及国家对跨境电子商务行业的监管体系与政策支持体系。

电子商务是近年来在全球范围内兴起的一种新型商务模式，它依托 Internet（互联网）、Intranet（企业内部网）、Extranet（企业外部网），将商业过程各环节在信息技术系统上进行连接，彻底改变了传统的业务运作方式。它在国际贸易实践中的不断应用，引起了国际贸易方式的创新。这场国际贸易领域内的创新就是今天大家口中常说的跨境电子商务。

1.1　跨境电子商务的定义

跨境电子商务，简称跨境电商，其概念有广义和狭义之分。广义的跨境电商，指的是分属不同关境的交易主体，通过电子商务的方式完成进出口贸易中的展示、洽谈和交易环节，并通过跨境物流送达商品、完成交割的一种国际商业活动。

从狭义上看，跨境电商基本等同于跨境零售，指的是分属于不同关境的交易主体，借助计算机网络达成交易、进行支付结算，并采用快件、小包等方式，通过跨境物流将商品送达消费者手中的交易过程。国际上对跨境电商的流行叫法——Cross - border E - commerce——其实指的就是跨境零售。然而，由于现实中对小型商家用户与个人消费者进行明确区分界定的难度较大，所以跨境零售交易主体中往往还包含了一部分碎片化小额买卖的商家用户。

与传统国际贸易相比，跨境电子商务依托于互联网技术而存在，在物流方式、交易流程、结算方式等方面都大不相同（见图1－1）。一方面，跨境电子商务让传统贸易实现了电子化、数字化和网络化，无论是订购，还是支付环节，都可以经由互联网完成，甚至数字化产品的交付都可以通过网络完成。在跨境电子商务交易过程中，运输单据、交易合同以及各种票据都是以电子文件的形式存在。因此，跨境电子商务贸易实际上是包含货物的电子贸易、在线数据传递、电子资金划拨、电子货运单证等多环节与内容的一种新型国际贸易方式。另一方面，由于信息在互联网上流动的便捷和快速，跨境电子商务使得国际贸易卖方可以直接面对来自不同国家的消费者，因而最大限度地减少了传统贸易所必须涉及的交易环节和消除了供需双方之间的信息不对称。这也是跨境电子商务最大的优势所在。

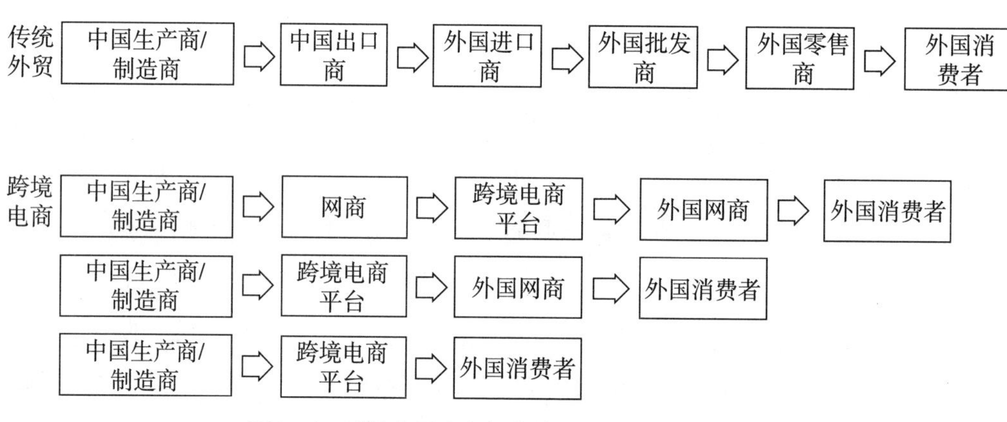

图1－1　跨境电子商务与传统外贸流通环节的比较

1.2　跨境电子商务的分类

1.2.1　按商品流向分类

按商品的流向分类，跨境电子商务可以分为出口跨境电子商务和进口跨境电子商务。

出口跨境电子商务，又称出境电子商务，是指将本国生产或加工的商品通过电子商务平台达成交易、收取货款，并通过跨境物流运送商品、输往国外市场的一种国际商业活动。

进口跨境电子商务，又称入境电子商务，是指将外国商品通过电子商务平台达成交易、支付货款，并通过跨境物流运送商品、输入本国市场的一种国际商业活动。

1.2.2　按商业模式分类

按商业模式分类，跨境电子商务主要有 B2B、B2C 和 C2C 三种模式。

B2B 跨境电商，即 Business to Business，又称在线批发，是外贸企业间通过互联网进行产品、服务及信息交换的一种商业模式。B2B 跨境电商企业面对的最终客户为企业或企业集团。目前，在中国跨境电商市场交易规模中，B2B 跨境电商市场交易规模占总交易规模的 90% 以上，代表企业主要有敦煌网、中国制造、阿里巴巴国际站和环球资源网等。

B2C 跨境电商和 C2C 跨境电商统称在线零售。B2C，即 Business to Consumer，是跨境电商企业针对面对个人消费者开展的网上零售活动。目前，B2C 类跨境电商在中国整体跨境电商市场交易规模中的占比不断升高，代表企业主要有速卖通、兰亭集势、米兰网、大龙网等。

C2C 跨境电商，即 Consumer to Consumer，是从事外贸活动的个人对国外个人消费者进行的网络零售商业活动。目前，我国的跨境电商出口以 B2B 和 B2C 为主，进口以 B2C 为主。

除上述三种之外，F2C 跨境电商也日渐兴起，它指的是 Factory to Consumer，即从工厂到消费者。F2C 模式直接把出自加工厂的产品送到消费者手中，可以理解为工厂借助于网络平台进行的产品直销。F2C 使消费者在线向工厂下订单成为可能，是 B2C 模式的升级版。F2C 最大的优势就是强有力的线下产业支撑、有效的全程品控、快速的市场反应，这是 B2C 跨境电商无法抗衡的。

1.2.3　按运营方式分类

按运营方式分类，现阶段跨境电子商务主要有两种类型：平台运营跨境电商和自建网站运营跨境电商。平台运营跨境电商，是指从事跨境电商的交易主体在亚马逊、eBay 等诸多电商平台上开设网店从事外贸业务活动；自建网站运营跨境电商，如兰亭集势、环球易购等，是企业在自建网站上从事相关外贸业务活动，其中兰亭集势属综合类跨境电商企业，环球易购和 DX 属垂直类电商企业。

从长期发展趋势看，平台运营跨境电商和自建网站运营跨境电商两种模式的融合度日益增强。在跨境电商平台开设网店的企业做到一定规模后，由于无法从平台获取客户数据，往往选择自建网站；一些做独立网站的跨境电商企业同样也会选择在类似亚马逊和 eBay 这样流量大的平台上开设店铺，如环球易购。

由于资金和营销推广能力等诸多因素限制，入驻平台往往是中国企业介入跨境电子商务业务的第一选择，其中，亚马逊、eBay 和全球速卖通是可供选择的主要平台。中国的跨境电商企业集中分布在上海、广州、深圳和杭州等城市。服装、电子和家居是它们切入的主要细分市场。代表企业除上面提及的一些企业，还包括：3C 电子产品销售商湖南海翼电子商务有限公司（ANKER）、中国本土品牌智能手机及周边产品的自建电商 Antelife、义乌外贸饰品零售网店 Gofavor 和遥控飞机出口网店 Hobby – Wing 等。这些企业中，跨境电商年销售额过亿的大约有 80 家❶。

1.3 跨境电子商务的参与主体与行业发展现状

1.3.1 跨境电子商务的参与主体

1. 传统外贸企业

中国多年的外向型经济造就了成千上万的外贸企业，由于电子商务的盛行，一些企业开始利用互联网发布信息，多以出口为主，这就是跨境电子商务的雏形。如今，越来越多的外贸企业开始规模化、专业化运作网上业务，甚至抛弃线下，成为跨境电商行业中数目最为庞大的参与主体，代表企业有兰亭集势和唯品会等。

2. 物流货代企业

物流货代企业过去多数服务于一般进出口贸易企业，它们拥有运输、仓储、报关报检等业务的资源和经验，如今把服务范围拓展到跨境电商行业，成为跨境电商业务的参与主体，代表企业有外运发展和华贸物流等。

3. 电子商务企业

中国的电商巨头坐拥庞大的资源优势，当它们把平台受众拓展到海外，且国外商品成为平台的重要一环时，也就完成了从国内电商到跨境电商的华丽转身，代表企业有阿里国际、速卖通和一达通等。

4. 金融企业

不同货币的国际支付和结算是跨境电商中最关键的问题和难点之一，因此，银行

---

❶ 数据来源：中信证券。

等金融企业也被动地进入这一行业。另外，支付平台企业看好跨境电商高速发展，往往会主动开展与跨境电商业务相匹配的支付服务，如在海外电商平台上开通自己的支付接口等，代表企业有支付宝。

从跨境电商的价值链来看，以上参与主体可以划分为两类：平台或自营电商企业和跨境电商第三方服务企业。（见图1－2、图1－3）

图1－2 跨境电子商务企业

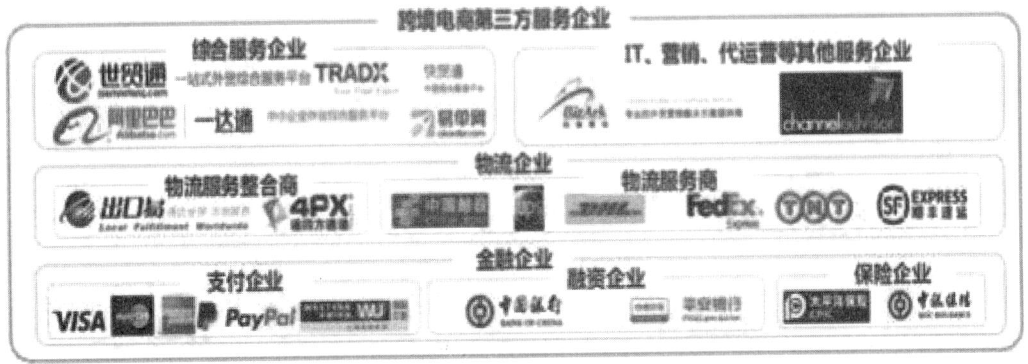

图1－3 跨境电子商务第三方服务企业

1.3.2 跨境电子商务行业发展现状

1. 总体情况

中国的跨境电子商务最早源于深圳和广州，一些企业通过ebay的中国香港站、美国站和德国站等开设店铺，主要销售消费电子类产品，如MP3、MP4、车载的导航仪、耳机、数据线、摄像头等，虽然单价不高，但利润较高。从2005—2008年，跨境电商市场成交额几乎增长了近百倍。2008年国际金融危机，世界经济疲软，出口电商遭受打击。2010年后，在国家密集出台政策扶持下，中国的跨境电商迅速发展，交易规模不断扩大，跨境电商产业进入高速成长期。据商务部发布的统计数据显示，2013 年中国跨境电商市场交易额约 3.1 万亿人民币，占进出口总额的 12.1%。2008—2013 年年复合增长率达到 31.1%。目前，我国跨境电商平台企业超过 5000 家，境内通过各类平台开展跨境电子商务的企业已超过 20 万家。在众多国内国际跨境交易平台中，eBay、速卖通、亚马逊、敦煌网这四家的市场份额占到 80% 以上。预计我国跨境电商交易额 2016 年将达到 6.5 万亿元，2017 年将达到 8.0 万亿元。(见图 1-4、图 1-5)

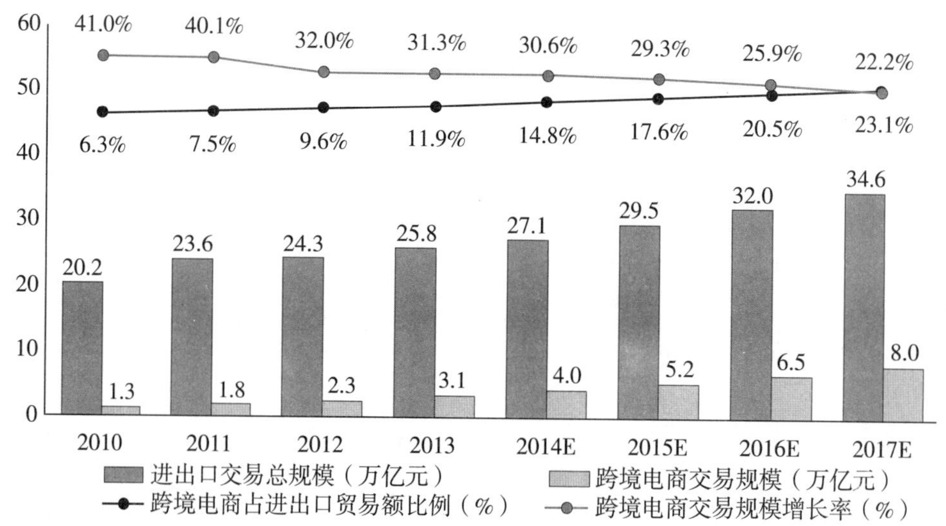

图 1-4　2010—2017 年中国进出口贸易及跨境电子商务交易规模

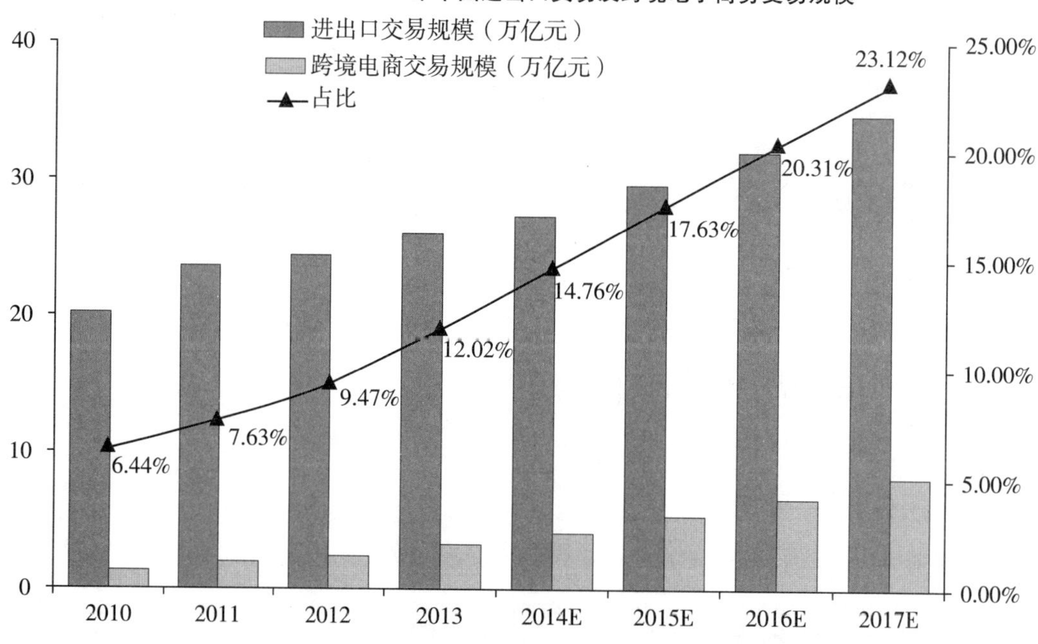

图 1-5　预计 2017 年跨境电子商务占我国进出口贸易总额的 20%

从中国跨境电商的进出口结构来看，出口电商中短期仍将占据主导地位。根据 2013 年数据，出口占比 88.2%，进口占比仅为 11.8%。并且这种趋势在 2014 年和 2015 年上半年仍在增强。这主要是由于我国的制造业和进出口贸易基础，中国本土电商参与推动跨境电商平台的搭建也是重要原因之一。据统计，我国出口电商 2010—2013 年年复合增长率为 31.16%。随着国家利好政策的先后出台，以及支付、物流、金融等多方面配套服务的行业产业链的逐渐完善，中国出口电商交易规模仍将保持 25% 以上的增速，2017 年预计将达到 6.64 万亿元的规模。（见图 1－6、图 1－7）

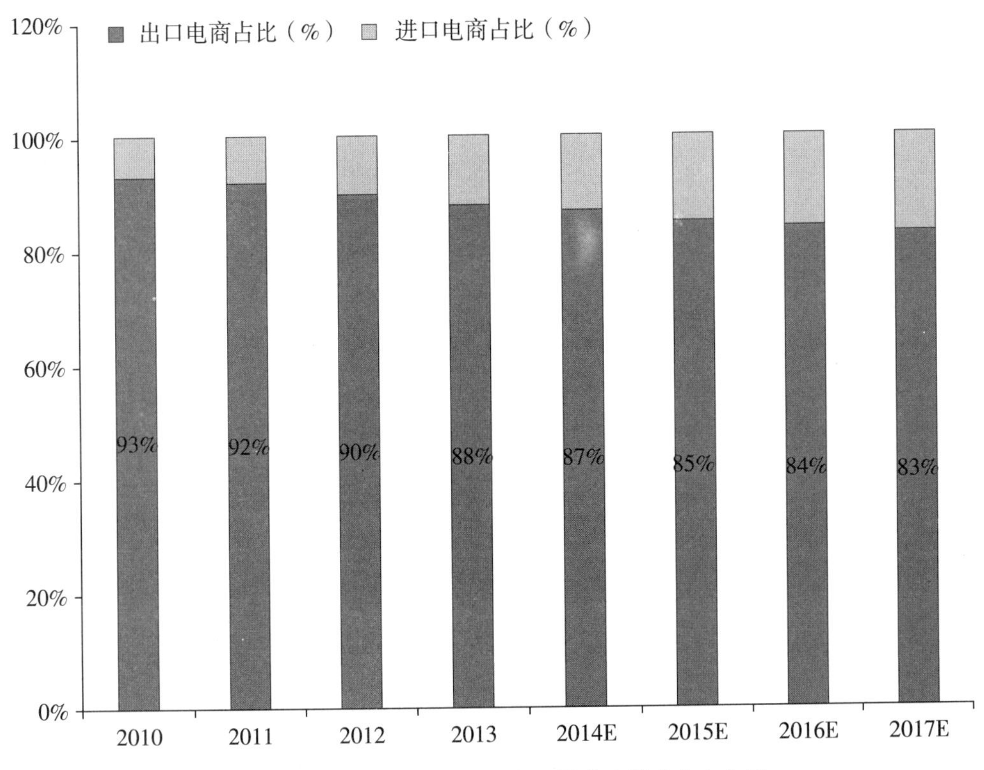

图 1－6 预计出口电商仍将在跨境电商结构中占主导

2. 存在的问题

（1）跨境电子商务比例严重失衡

跨境电子商务比例失衡主要体现在两个方面：一是进出口比例严重失衡，二是 B2B 和 B2C 比例严重失衡。

中国跨境电商近年来的快速增长主要体现在出口方面，跨境电商进口占比较小。截至 2014 年年底，中国跨境电子商务试点交易额达到 30.5 亿元人民币，其中跨境进口电商约为 10.1 亿元人民币。从 2013 年中国跨境电商的进出口结构看，当年出口占比高达 88.2%，进口占比仅为 11.8%。从交易模式看，跨境电商 B2B 交易额占比也远大

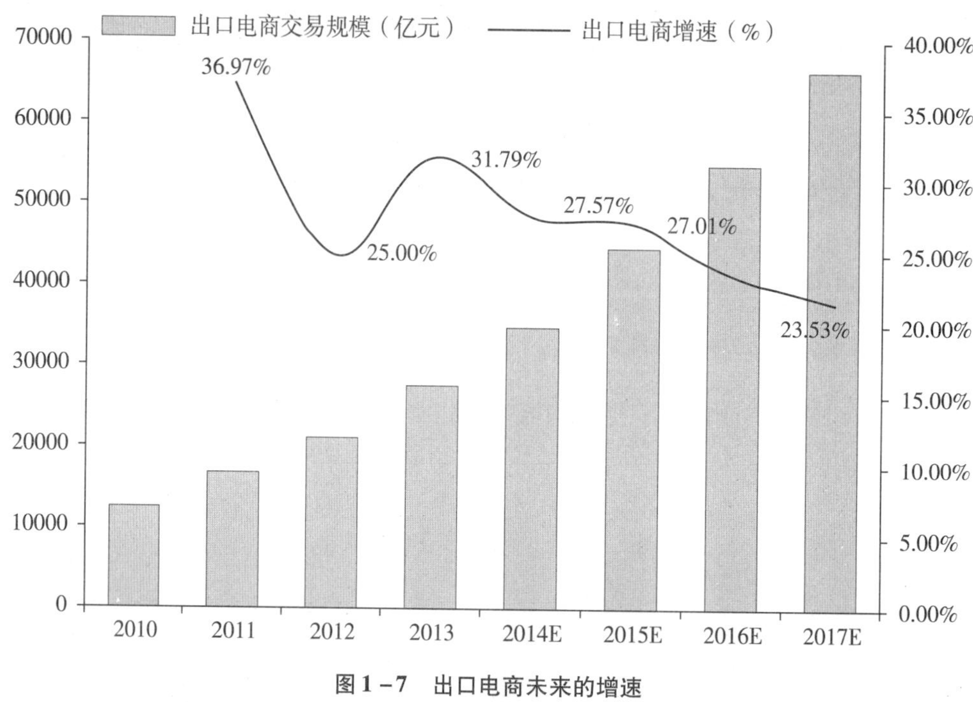

图1－7　出口电商未来的增速

于B2C模式交易额占比。（见图1－8、图1－9）

（2）产品同质化严重，出口盈利能力有待进一步提升

目前我国的出口电商企业的盈利方式大多是薄利多销，价格优势是其最核心的竞争力。然而随着成本上升、竞争激烈，同质化问题和低价竞争压缩了企业的盈利能力和利润空间。一些热销且利润空间较大的产品，如3C产品及附件等，产品同质化现象

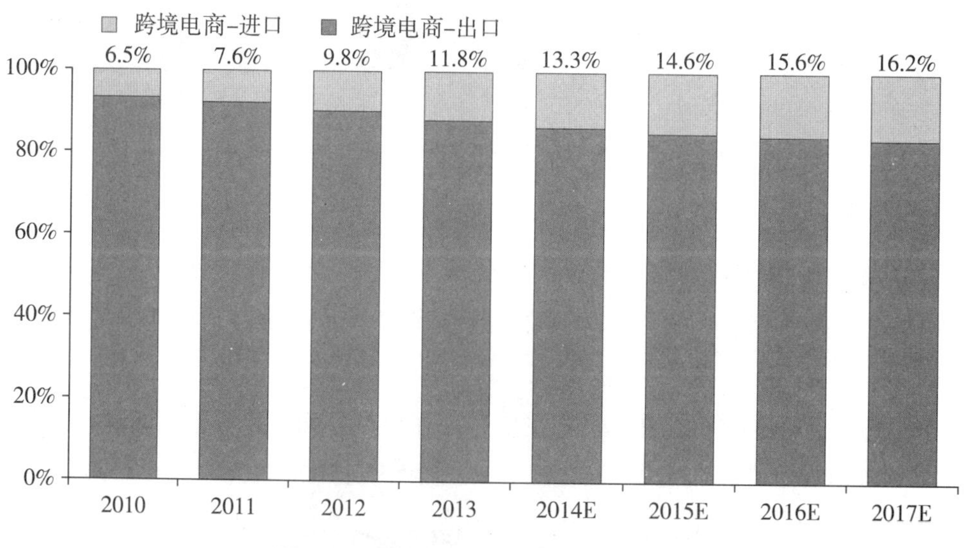

图1－8　跨境电子商务进出口交易规模

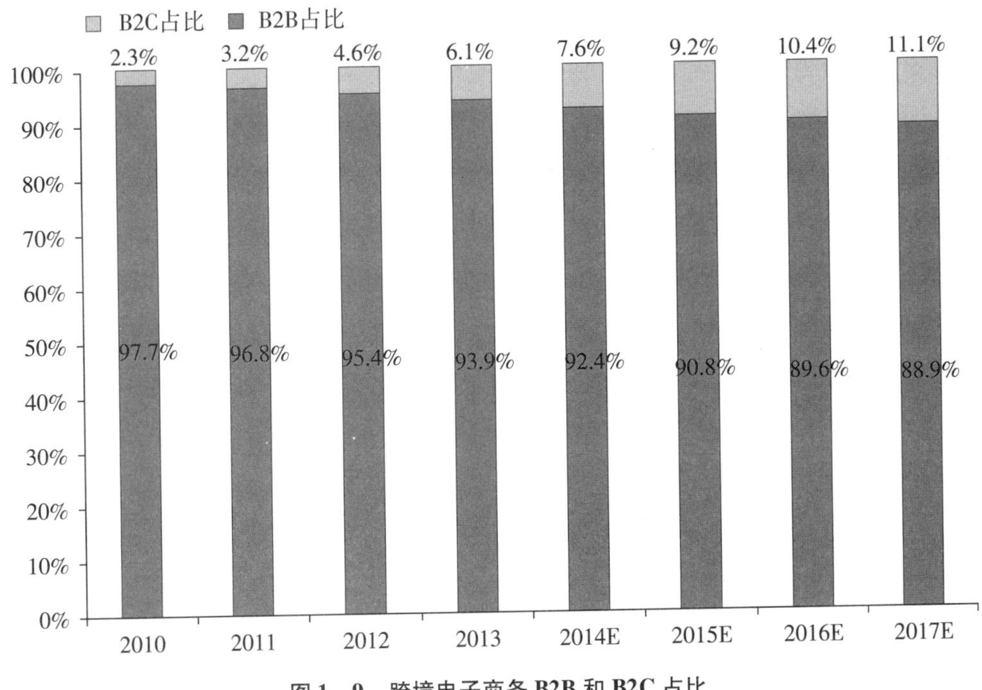

图 1－9　跨境电子商务 B2B 和 B2C 占比

尤其严重；并且，许多交易商品多是从小工厂出货，整体产品质量控制存在较大问题，更谈不上品牌建设。未来进行差异化生产、品牌化建设和产品升级，将是出口电商企业提升盈利能力的重要出路。

（3）通关成为跨境电子商务交易的最大壁垒

从国际上看，尽管基于互联网的信息流动畅通无阻，然而货物的自由流动仍然受到国界的限制。对各国海关而言，如何考量小额进出口货物本身就是一个复杂问题：若完全放开小额货物进出口，不利于海关控制，容易给国家造成损失；但对小额货物进出口管制过严，必然会阻碍国内相关产业的发展，必将带来更多非正规途径的灰色交易。

从国内来看，跨境电子商务以快递或邮政小包形式通关，缺乏海关报关证和增值税发票，导致出口电商无法正常结汇，也无法享受退税政策。2013 年开始，国家才先后试点自贸区、跨境电子商务试点城市下的新型保税区、跨境电子商务出口退税政策，但政策的完备和操作的成熟尚需时日。海关的清关能力是制约跨境电商进口的一个重要因素。当前盛行的跨境电商试点城市下的保税区模式，对海关清关、国检和质检提出了新的考验，虽然试点城市实行的政策各有不同，但都力争在加快进口商品周转速度上有所突破。

（4）物流业滞后影响跨境电子商务发展

作为整个产业链中的上下两环——线上商品交易与线下货物配送，两者的发展须相辅相成，但当前跨境电子商务的快速发展却让国际物流运输措手不及，且各国间政策差异较大，很难像内贸电商一样通过自建物流的方式来解决跨境电商的物流问题。

从国际物流中的快递和邮政小包来看，国际四大物流巨头的商品快递运输周期短、丢件率低、服务完善，但收费高；新加坡邮政小包、中国邮政速递国际e邮宝等全球的邮政小包服务，价格比较实惠，但运输周期较长。一般而言，从中国出发的货物，邮政小包到美国和欧洲一般需要7～15天，到南美、巴西和俄罗斯更长，一般在25～35天。除物流时间长之外，国际物流还存在投递时效不稳定、收货时间波动大等问题。

在解决物流问题方面，国内的电商企业正在联合国内外物流公司推动海外建仓。海外仓储虽然可以有效解决服务周期长、退换货等问题，但同样面临仓储成本大的问题。如果商品大面积滞销，损失还会更大。

（5）跨境支付影响重大

跨境电子商务交易免不了跨境支付，外汇兑换、交易安全性和资金安全等跨境支付问题一直都是制约跨境电商出口的瓶颈，况且不同国家和地区的网购消费者倾向的支付手段也大相径庭。

跨境电商比较常用的支付方式包括：电汇、西联汇款、Visa或者Mastercard、PayPal与MoneyBooKders等在线支付、国际电汇和银行转账、银行信用证等。其中，使用最广泛的是PayPal，其用户遍布全世界200多个国家和地区，进行跨境电商交易的双方有大约9成都在使用PayPal进行跨境结算，然而，PayPal支付一直存在的手续费成本高、周期长和汇率风险等问题都是发展跨境电商不可忽视的因素。

面对这些问题，国家和地方不断出台和落实一些政策与措施，希望突破跨境电商支付瓶颈：2013年，中国央行颁布了《支付机构跨境电子商务外汇支付业务试点指导意见》；国家外汇管理局向国内17家第三方支付机构授予跨境电子商务外汇支付业务试点牌照，促使支付结算方式多元化；较多的第三方支付机构开始提供跨境电商平台收款服务，如中国银联、快钱和贝付；2014年，浙江义乌推广个人跨境贸易人民币结算试点等等，但前进之路仍然任重道远。

（6）跨境电子商务人才缺失

跨境电子商务贸易在快速发展的同时，逐渐暴露出综合型外贸人才缺口严重等问题，原因主要在于语言和综合能力要求两个方面。目前做跨境电商的人才主要来自传统外贸行业，以英语交流者居多，小语种电商人才缺乏。如巴西、印度、俄罗斯、阿拉伯和蒙古等，这些国家都极具跨境电商发展潜力，但语言人才缺乏。除受制于语种外，从事跨境电商业务的人才还需了解国外的市场、交易方式、消费习惯和各大跨境电商平台的交易规则和交易特征。这些都极大地制约了跨境电子商务的发展。

（7）跨境电子商务企业金融服务难以获得

中国大部分跨境电子商务出口企业都是从外贸企业转型而来，中小企业是其构成主体。这些企业普遍存在融资困难、抗风险能力差等问题。加大跨境电商产业链上服务提供商的服务力度和发展力度是中国跨境电商发展不得不面临的一个大问题。它的解决一方面可以帮助跨境电商出口企业顺利、高效地进行经营活动，另一方面也可以帮助其有效规避资金风险。目前，已经推出的针对跨境电商企业的金融服务包括：中国银行、平安金科等无抵押的信用贷款；中国平安联合 eBay 为 eBay 平台上的出口电商提供小额融资；eBay 与太平洋保险、中银保险针对平台商家推出跨境交易保险产品等，还有备货融资、信融通、提单质押、仓储融资等都是一些有益的尝试。但这些金融服务还处在萌发阶段，发展壮大尚需时日。

3. 趋势分析

（1）跨境电子商务交易对象多区域拓展趋势明显

根据 PayPal 的数据，全球前五大跨境电子商务出口目的地市场分别是美国、英国、德国、澳大利亚和巴西。2013 年这五大市场对中国出口商品的网购需求规模达到 679 亿元，这主要得益于这些地区较高的网购普及率、较好的技术设施支持和政策支持。Internet World Stats 统计数据显示：欧洲、北美和大洋洲的网络普及率分别达到 70.5%、87.7%和 72.9%。Chinaventure 的最新数据也显示：主要发达国家的网购普及率在 70%~80%。然而，从销售目标市场看，以美国、英国、德国、澳大利亚为代表的北美和欧洲等成熟出口目的国增速正逐步进入平稳增长期，以巴西和俄罗斯等新兴市场国家为代表的跨境电商市场，由于消费者网购习惯的不断养成，跨境网购需求增长迅速，正在不断崛起，成为跨境电商零售出口产业的新动力，为中国跨境电商市场开发提供了更大的需求空间。加之俄罗斯、巴西和印度等国家的本土电商企业并不发达，旺盛的消费需求相对于短缺的国内供给所引发的矛盾，在物美价廉中国制造的冲击下愈加激烈。此外，东南亚、中东欧、拉丁美洲、中东和非洲等地区，其电子商务的渗透率依然较低，都是有待开发的处女地。（见图 1-10）

（2）产业分布由东向中西部转移趋势不断显现

目前，我国从事跨境电子商务出口的企业主要集中在广东、江苏、浙江、上海、福建、北京、山东和天津等地区，根据交易额数据排名，位居前五的粤、苏、浙、沪、闽共占到跨境电商出口总交易额的 78.8%，其中广东占比则达到 4 成。强大的产业基础、集中的制造基地、丰富的贸易人才和经验、沿海地区天然的外贸和电商意识等，

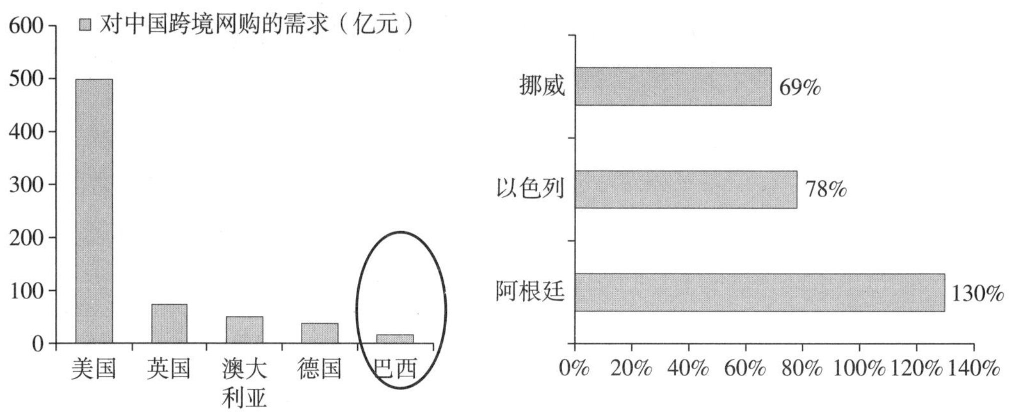

图 1－10　出口电商五大目的国对中国网购需求和中国出口电商增速最快的三个目的地市场

都造就这些地区相对领先和发达的电商跨境出口产业。但中西部地区，尤其是湖北、河北、河南、四川等省的出口电商近来发展迅速，未来出口电商企业在地域分布上将会出现向中西部转移的趋势。（见图 1－11）

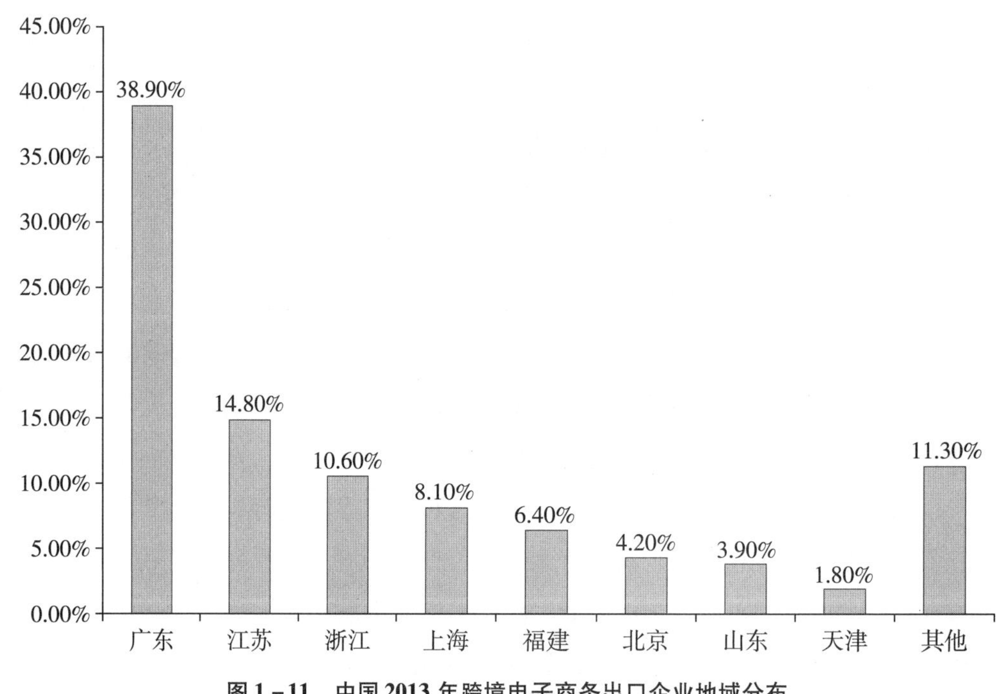

图 1－11　中国 2013 年跨境电子商务出口企业地域分布

（3）交易商品品类扩张的供给推动作用日益加强

2013 年我国出口电商产品品类占比最大的仍然是 3C 产品，占到总量的 41.2%；其次是服装鞋帽、包及户外用品，占比分别为 16.3% 和 8.1%。3C 产品占比较大的原因主要是其标准化和便于运输存储的属性。根据 eBay 数据统计，71% 的跨境电商企业

有扩充现有产品品类的计划，64% 的跨境电商企业计划延伸到其他产品线，如健康美容、家居园艺和汽配等。（见图 1－12）

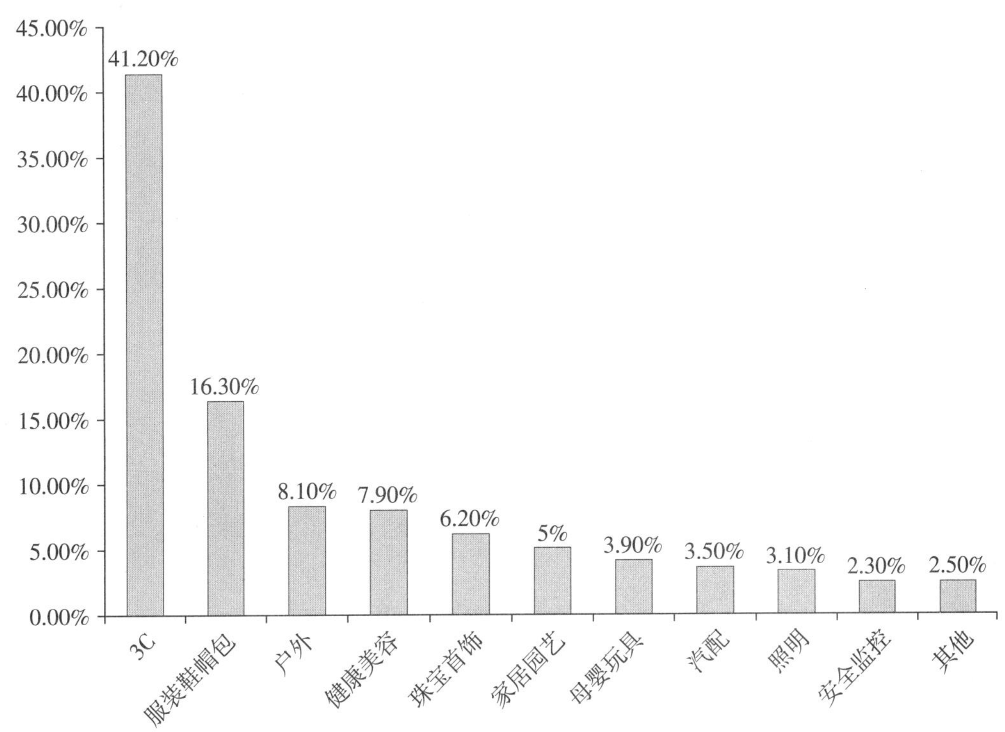

图 1－12　中国 2013 年跨境电子商务出口产品品类分布

（4）跨境电子商务产业生态更加完善，各环节协同发展趋势明显

跨境电子商务涵盖物流、信息流、资金流、单证流，随着跨境电子商务经济的不断发展，软件公司、代运营公司、在线支付、物流公司等配套企业都开始围绕跨境电商企业进行集聚，服务内容涵盖网店装修、图片翻译描述、网站运营、营销、物流、退换货、金融服务、质检、保险等内容。整个行业生态体系越来越健全，分工更清晰，并逐渐呈现出生态化的特征。跨境电商服务业已经初具规模，跨境电商服务体系逐渐完善，大型跨境电商，包括物流企业，纷纷建立海外仓；国内针对出口电商的服务创新，还体现在金融服务方面，如中国平安和 eBay 合作为其平台上的出口电商提供小额融资服务；PayPal 与北京邮政联合推出的“贝邮宝”国际物流解决方案等，这些都有力地推动了中国跨境电商产业的快速发展。

（5）跨境电子商务 B2C 模式增长空间巨大

相对于跨境电子商务的其他模式，B2C 模式的优势更加明显：利润空间大，中间环节少；直接面对终端消费者，直接把握市场需求，可以为客户提供个性化定制服务；

有利于树立品牌形象，将中国制造、中国设计的产品带向全球；小额贸易更灵活，产品销售面向全球200多个国家和地区，不受地域限制，可以有效降低单一市场竞争压力，市场空间巨大。(见图1-13)

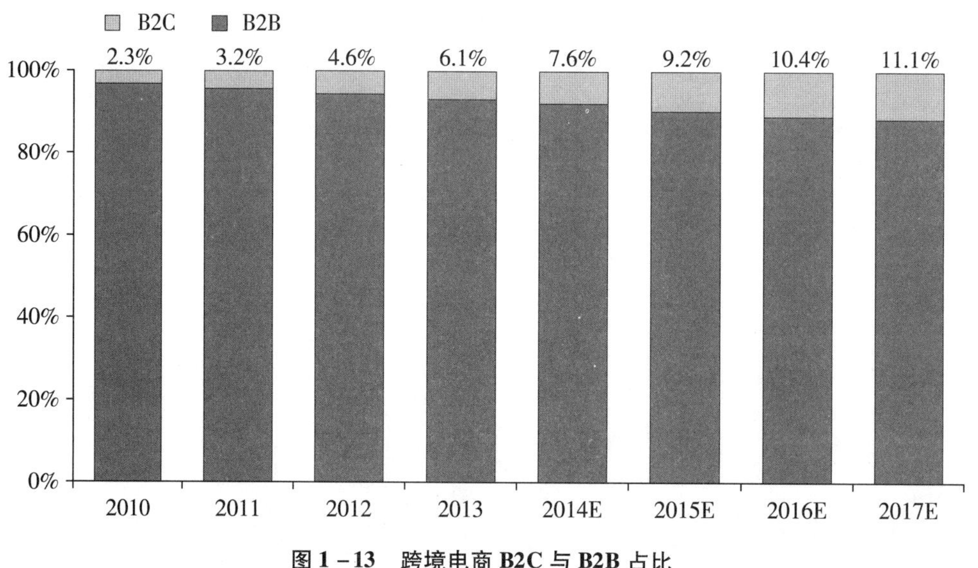

图1-13　跨境电商B2C与B2B占比

除上述诸多优势外，跨境电商B2C的兴起有着深刻的原因：一是价差消除困难巨大；二是监管漏洞长期存在。一般贸易方式下，商品国内外价差最终要的因素是税费。以化妆品为例，在货物监管模式下，若完税价为4559元，其中各类税费为2079元，占比达47%。相比之下，跨境B2C大多是商家通过四大商业快递和邮政速递的方式将商品发给个人，物品按快件清关供个人使用，属行邮监管模式，税率远低于一般贸易，即使扣除昂贵的航空快递、邮政费用，价格仍具有相当大的优势。(见图1-14~图1-17)

监管漏洞是跨境电商B2C兴起的另一大原因。在一般贸易监管下，"一关三检"必不可少，税费必缴，监管税收问题多集中于货物同报关单不符，海关是通过抽查、开箱查验完成监管职责的。在行邮监管模式下，海关行邮处因人力、物力、效率等因素，既无法逐票对每个零碎的邮包进行拆包查验，从而判断货值和商品种类是否符合监管要求，也很难断定商品是否为个人使用，因此海关监管对邮包的综合抽查率只有大约5.5%。这意味着大量的海淘快件邮包实际上是不征税的，其中必然滋生不符合条件的商品利用政策漏洞灰色清关。因此，从实际操作来看，"跨境B2C快件、邮件清关"同"一般贸易清关"的区别不仅仅是税负高低的差别，更是"必须交"和"大概率不交"的差异。并且，就当前情况而言，不符合行邮监管条件的物品在灰色清关过程中即使被海关查扣，违约的成本也非常低（最多补交），这也是各类跨境平台和转运

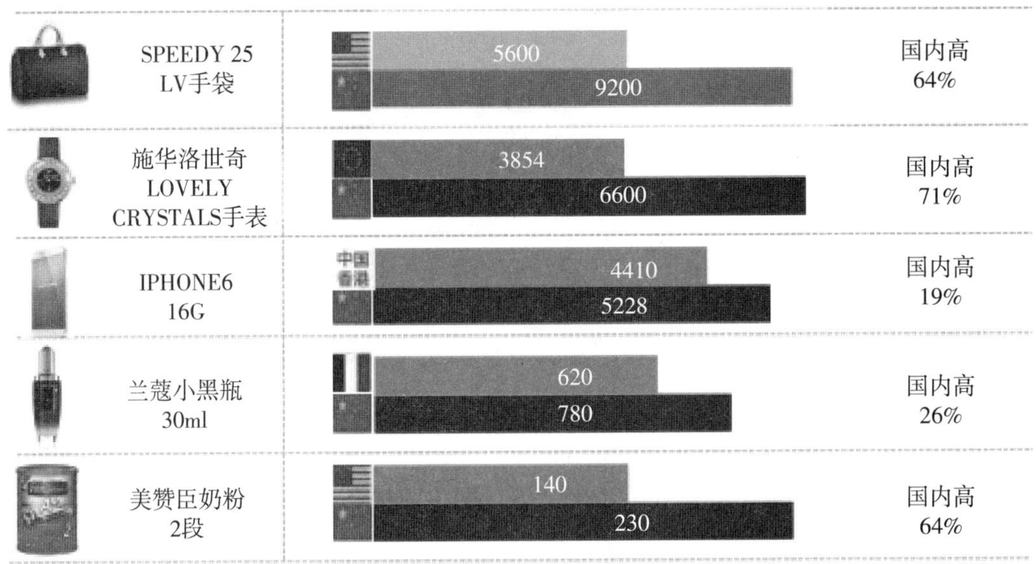

图1－14 国内外商品价格差异（元）

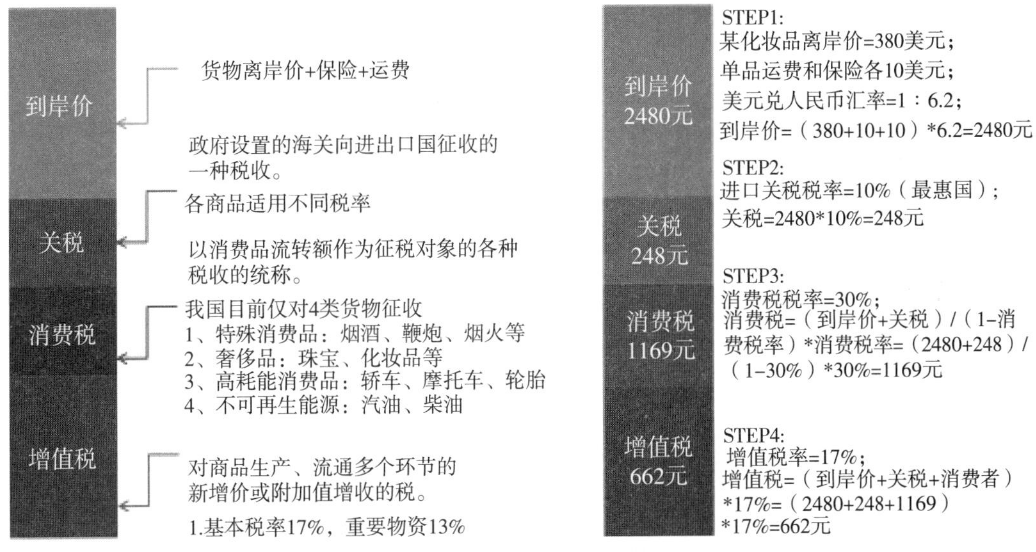

到岸价
货物离岸价+保险+运费
政府设置的海关向进出口国征收的
一种税收。
各商品适用不同税率
关税
以消费品流转额作为征税对象的各种
税收的统称。
我国目前仅对4类货物征收
1、特殊消费品：烟酒、鞭炮、烟火等
2、奢侈品：珠宝、化妆品等
3、高耗能消费品：轿车、摩托车、轮胎
4、不可再生能源：汽油、柴油
消费税
增值税
对商品生产、流通多个环节的
新增价或附加值增收的税。
1.基本税率17%，重要物资13%
到岸价
2480元
STEP1:
某化妆品离岸价=380美元；
单品运费和保险各10美元；
美元兑人民币汇率=1：6.2；
到岸价=（380+10+10）*6.2=2480元
关税
248元
STEP2:
进口关税税率=10%（最惠国）；
关税=2480*10%=248元
消费税
1169元
STEP3:
消费税税率=30%；
消费税=（到岸价+关税）/（1-消费税率）*消费税率=（2480+248）/（1-30%）*30%=1169元
增值税
662元
STEP4:
增值税率=17%；
增值税=（到岸价+关税+消费者）*17%=（2480+248+1169）*17%=662元

图1－15 化妆品货物监管模式下的价格和税费

公司能够兴起的核心因素。（见图1－18）

除上述两大因素外，国内屡遭质疑的产品质量、食品安全以及假货问题，居民收入提高，消费升级拉动对海外高附加值商品的需求，网络消费习惯逐步的养成，商家营销推广等，都是不可忽略的因素之一。

（6）移动跨境电子商务的爆发式增长势不可挡

跨境电子商务企业移动端发展迅速。敦煌网2014年上半年移动端的访问量占到全

商品种类	一般贸易			个人物品
	关税（最惠国）	增值税	消费税	行邮税
化妆品	10%	17%	30%	50%
高级手表饰品	11%	17%	20%	30%
箱包	20%	17%	–	10%
鞋帽	15%	17%	–	20%
服装	14%~17%	17%	–	20%
电子产品	10%	17%	–	10%
奶粉	10%	17%	–	10%
饰品	10%	17%	–	10%
个人运动器材	12%~14%	17%	–	10%
海外特产	10%	17%	–	10%

图 1－16　主要跨境电商产品的一般贸易税率与行邮税

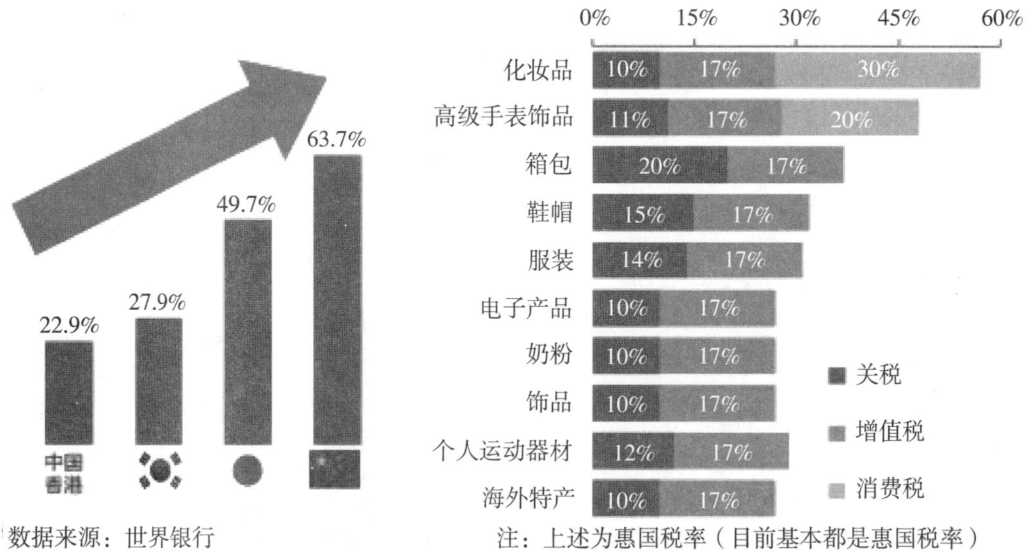

图 1－17　2013 年东亚部分国家和地区的商品和主要海淘商品（一般贸易）税负

平台总量的 42%，移动端订单数同比增长 215%；兰亭集势拥有 Lightinthebox 和 MiniInTheBox 等 App，订单数量中已有约 3 成来自移动端。移动网络的应用推动线上与线下商务之间的融合，促进了跨境电商 B2C 出口的发展。这主要得益于下列因素：第一，移动端交易使消费者能够在任意时间和空间进行购物；第二，多频次互动有利于用户黏性的提升和营销推广的发展。也就是说，国际贸易小额、碎片化发展的趋势在移动端应用与发展的条件下，使得商家可以随时随地上传产品信息、与客户沟通交易、接收订单。有机构断言：北美、欧洲等相对发达和成熟的市场，移动端的发展可以将跨境电商 PC 端的需求存量通过移动购物方式二次扩张；在一些新兴市场，如俄罗斯、东南亚和非洲，移动购物的发展将带来跨境电商行业巨大的市场增量。

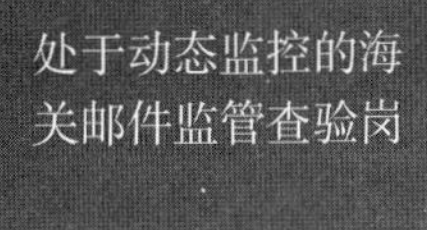

图 1－18　跨境电子商务产品海关监管

1.4　跨境电子商务监管与政策支撑体系

1.4.1　跨境电子商务行业监管体系

1. 行业主管部门

跨境电子商务行业行政管理部门主要包括工信部、商务部、工商总局、海关总署及相应的地方各级管理机构。

（1）工信部负责统筹推进国家信息化工作，组织制定相关政策，促进电信、广播电视和计算机网络融合；统筹规划公用通信网、互联网、专用通信网，依法监督管理电信与信息服务市场，会同有关部门制定电信业务资费政策和标准并监督实施，负责通信资源的分配管理及国际协调，推进电信普遍服务，保障重要通信。

（2）商务部负责推进流通产业结构调整，指导流通企业改革、商贸服务业和社区商业发展，推动流通标准化和连锁经营、商业特许经营、物流配送、电子商务等现代流通方式的发展；拟订规范市场运行、流通秩序的政策，按有关规定对特殊流通行业进行监督管理。

（3）工商总局负责指导广告业发展，负责广告活动的监督管理，以及负责监督管理市场交易行为和网络商品交易及有关服务的行为。

（4）海关总署负责监管进出境运输工具、货物、物品；征收关税和其他税、费；查缉走私；编制海关统计和办理其他海关业务。

(5) 国家质检总局负责出入境商品检验、出入境卫生检疫、出入境动植物检疫、进出口食品安全和认证认可、标准化等工作。

2. 行业监管体制

根据2000年9月25日颁布实施的《互联网信息服务管理办法》和2014年1月26日颁布实施的《网络交易管理办法》之规定，国务院信息产业主管部门和省、自治区、直辖市电信管理机构，依法对互联网信息服务实施监督管理；新闻、出版、教育、卫生、药品监督管理、工商行政管理和公安、国家安全、海关总署、质检总局等有关主管部门，在各自职责范围内依法对互联网信息内容、交易商品实施监督管理。

1.4.2 跨境电子商务行业政策及法规

中国跨境电商政策发展经历了三大阶段：政策起步期、政策发展期和政策爆发期。政策起步期为2004—2007年，政策发展期为2008—2012年，政策爆发期从2013年至今。(见图1-19)

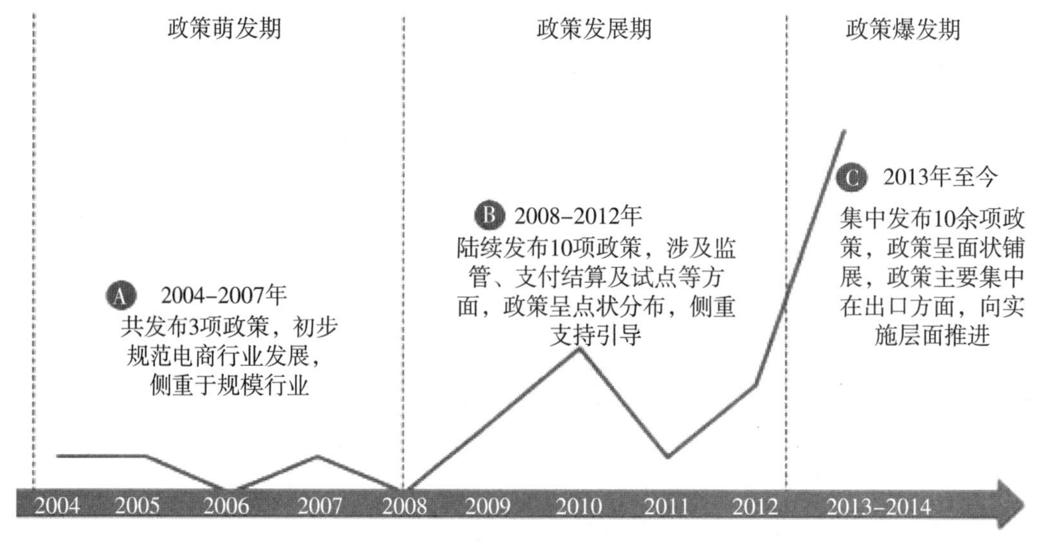

图1-19 中国跨境电商政策发展阶段

其中，《关于实施支持跨境电子商务零售出口有关政策意见的通知》颁布实施，是国家第一次将跨境电商提高到国家政策扶持的高度；《关于支持外贸稳定增长的若干意见》则首次明确出台跨境电子商务贸易便利化措施；《关于促进跨境电子商务健康快速发展的指导意见》，明确提出跨境电子商务对国家经济发展升级和打造经济新增长点具有积极的推动作用。(见表1-1)

表 1－1 跨境电子商务主要政策梳理

法律法规	发布时间	发布单位	主要内容
《关于促进跨境电子商务健康快速发展的指导意见》	2015 年 6 月 16 日	国务院	聚焦困扰跨境电商发展的深层次障碍，有针对性地提出了关、检、税、汇、金融五个方面的支持措施。营造更加宽松、便利的发展环境，有效促进跨境电子商务这一新兴业态健康快速发展
《关于改进口岸工作支持外贸发展的若干意见》	2015 年 4 月	国务院	支持跨境电子商务综合试验区建设，加快出台促进跨境电子商务健康快速发展的指导意见，支持企业运用跨境电子商务开拓国际市场
《关于同意设立中国（杭州）跨境电子商务综合试验区的批复》	2015 年 3 月 12 日	国务院	着力在跨境电子商务各环节的技术标准、业务流程、监管模式和信息化建设等方面先行先试，通过制度创新、管理创新、服务创新促进协同发展；试验区主要包括 3 个产业园区：中国（杭州）跨境电子商务产业园、杭州跨境贸易电子商务产业园（下沙）、杭州空港跨境贸易电子商务产业园（萧山）
2014 年第 66 号（区域通关一体化）	2014 年 9 月	海关总署	在广东地区（广州、深圳、拱北、汕头、黄埔、江门、湛江）海关启动通关一体化改革
2014 年第 65 号（区域通关一体化）	2014 年 9 月	海关总署	在长江经济带（上海、南京、杭州、宁波、合肥、南昌、武汉、长沙、重庆、成都、贵阳、昆明）海关启动通关一体化改革
《关于增列海关监管方式代码的公告》	2014 年 8 月	海关总署	增列“跨境电商”海关监管方式代码“1210”
《关于跨境贸易电子商务进出境货物、物品有关监管事宜的公告》	2014 年 7 月	海关总署	即 56 号文件。对个人物品和货物之间进行了明确区分，规定了针对二者不同的报关手续，有利于跨境电商行业合法化正规化发展
《关于支持外贸稳定增长的若干意见》	2014 年 5 月 20 日	国务院	提出激发市场活力、提振外贸企业信心、促进进出口平稳增长的 16 条举措，并明确提出进一步加强进口，出台跨境电子商务贸易便利化措施
《关于大力发展电子商务加快培育经济新动力的意见》	2015 年 5 月 4 日	国务院	抓紧研究制定促进跨境电子商务发展的指导意见，积极推进跨境电子商务通关、检验检疫、结汇、缴进口税等关键环节“单一窗口”综合服务体系建设，简化与完善跨境电子商务货物返修与退运通关流程，提高通关效率

续表

法律法规	发布时间	发布单位	主要内容
《关于跨境电商服务试点保税进口模式有关问题的通知》	2014年3月	海关总署	上海、宁波、杭州、郑州、重庆、广州6座城市的海关，重新定义分类个人物品和货物，按照不同手续和税率办理通关
《关于增列海关监管方式代码的公告》	2014年2月	海关总署	增列“跨境电商”海关监管方式代码“9610”
《网络交易管理办法》	2014年1月26日	国家工商行政管理总局	明确了网络商品交易的形式和范围，对消费者退货行为，第三方交易平台的信息审查和登记，网络商品交易中的“信用评价”“推广”等行为做了明确规定
《关于跨境电子商务零售出口税收政策的通知》	2014年1月1日	财政部、税务总局	对跨境电子商务零售出口有关税收优惠政策予以明确
《关于实施支持跨境电子商务零售出口有关政策意见的通知》	2013年8月29日	国务院	在现行管理体制、政策、法规及现有环境条件已无法满足跨境电商市场需求的背景下，《意见》提出了六项具体措施，主要集中在海关、检验检疫、税务和收付汇等方面
《支付机构跨境电子商务外汇支付业务试点指导意见》	2013年2月1日	国家外汇管理局	便利机构、个人通过互联网进行电子商务交易，规范支付机构跨境互联网支付业务发展，防范互联网渠道跨境资金流动风险
《关于利用电子商务平台开展对外贸易的若干意见》	2012年3月12日	商务部	明确要为电子商务平台开展对外贸易提供政策支持，鼓励电子商务平台通过自建或合作方式，努力提供优质高效的支付、物流、报关、金融、保险等配套服务，实现“一站式”贸易
《第三方电子商务交易平台服务规范》	2011年4月12日	商务部	规范第三方电子商务交易平台的经营活动，保护企业和消费者合法权益，营造公平、诚信的交易环境，保障交易安全，促进电子商务快速发展
《跨境贸易人民币结算试点管理办法实施细则》	2010年9月15日	中国人民银行	为推动跨境贸易电子商务发展，海关总署启动郑州、上海、重庆、杭州、宁波5个跨境贸易电子商务服务试点城市部署会

1.4.3 跨境电子商务试点及海关监管

跨境电子商务的兴起，引起了我国政府对该新型业态成长的高度关注。2011年11月，国家发改委等八部委联合下发通知，正式启动国家电子商务示范城市工作。2012年，海关总署牵头启动跨境贸易电子商务服务试点工作，上海、重庆、杭州、宁波、郑州等5个城市被确定为首批试点城市。2013年8月，国务院办公厅下发通知，明确提出建立电子商务出口新型海关监管模式并进行专项统计。海关对经营主体以邮件、快件等形式送达出境的跨境电子商务零售商品进行集中监管，并采取“清单核放、汇总申报”的方式办理通关手续，降低报关费用，经营主体可在网上提交相关电子文件，并在货物实际出境后，按照外汇和税务部门要求，向海关申请签发报关单证明联，将电子商务出口纳入海关统计。2014年1月，海关总署发布《关于增列海关监管方式代码的公告》，从2014年2月10日起，增列海关监管方式代码“9610”，全称为“跨境贸易电子商务”，简称“电子商务”，适用于境内个人或电子商务企业通过电子商务交易平台实现贸易，并采用“清单核放、汇总申报”模式办理通关手续的电子商务零售进出口商品（通过海关特殊监管区域或保税监管场所一线的电子商务零售进出口企业商品除外）。2014年7月，海关总署发布《关于跨境贸易电子商务进出境货物、物品有关监管事宜的公告》，就电子商务进出境货物、物品海关监管事宜给出了全面的、具体的通关政策。2014年8月，海关总署发布《关于增列海关监管方式代码的公告》，增列海关监管方式代码“1210”，全称“保税跨境贸易电子商务”，简称“保税电商”，适用于境内个人或电子商务企业在经海关认可的电子商务平台实现跨境交易，并通过海关特殊监管区域或保税监管场所进出的电子商务零售进出境商品（海关特殊监管区域、保税监管场所与境内区外（场所外）之间通过电子商务平台交易的零售进出口商品不适用该监管方式）。“1210”监管方式用于进口时仅限经批准开展跨境贸易电子商务进口试点的海关特殊监管区域和保税物流中心（B型）。（见表1－2、表1－3）

表1－2 跨境电子商务试点城市进程表

时间	阶段	试点城市	进口资格	出口资格
2012.5	中国启动了跨境电商服务试点			
2012.12	跨境电商试点工作全面启动	郑州、上海、重庆、杭州、宁波	均有	均有
2013.9	广州成为跨境电商服务试点城市	广州	有	有
2013.10	试点在全国有条件的地方全面铺开	广州、郑州、苏州、青岛、长沙、平潭、银川、牡丹江、哈尔滨、烟台、西安、长春等	仅广州有	均有

续表

时间	阶段	试点城市	进口资格	出口资格
2013. 12	深圳成为跨境电商服务试点城市	深圳		有
2014. 3	哈尔滨成为试点与俄罗斯对接	哈尔滨		
2015. 3	设立杭州跨境电商综合试验区	杭州		

表 1-3　六大城市跨境电子商务模式试点范围

代表城市	直购进口模式	保税进口模式	一般出口模式	保税出口模式	开放程度
重庆	√	√	√	√	高
广州	√	√	√	√	高
上海	√	√	√		较高
宁波		√	√		较高
杭州	√	√	√		较高
郑州		√		√	高

2012 年以来，在各试点城市的试点运作中，海关积极探索适应跨境电子商务发展的政策和措施，归纳出了“一般进口”、“特殊区域出口”、“直购进口”和“网购保税进口”四种新型海关通关监管模式。(见图 1-20)

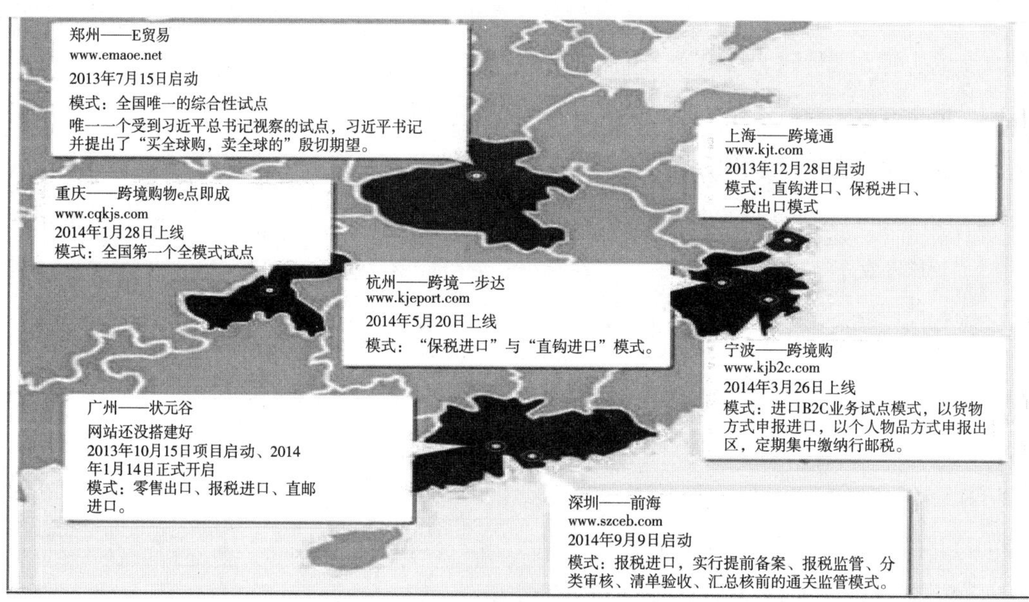

图 1-20　六大试点城市跨境电子商务平台

“一般进口”模式，指采用“清单核放，汇总申报”的方式，电商出口商品以邮件、快件方式分批运送，海关凭清单核放出境，定期为电商把核放清单数据汇总形成出口报关单，电商凭此办理结汇、退税手续，并纳入海关统计。

“特殊区域出口”模式，指电商把整批商品按一般贸易报关进入海关特殊监管区域，企业实现退税；对于已入区退税的商品，境外网购后，海关凭清单核放，由邮件、快件企业分送出区离境，海关定期将已放行清单归并形成出口报关单，电商凭此办理结汇手续，并纳入海关统计。

“直购进口”模式，指符合条件的电子商务平台与海关联网，境内个人跨境网购后，平台将电子订单、支付凭证、电子运单等实时传输给海关，商品通过海关跨境电子商务监管场所入境，按照个人邮递物品征税，并纳入海关统计。

“网购保税进口”模式，指境内个人及电子商务企业在经海关认可的电子商务平台实现跨境交易，电商企业或其代理人将进境网购商品批量报送存入海关特殊监管区域或保税监管场所报税存储，境内消费者网上交易后，区内货物逐批分拨配送，并参照个人邮递物品缴纳税费。

上述跨境电商试点和四种海关监管模式，凸现出中国政府对推进跨境电商发展的监管尺度主要体现在五个方面：

限企业，5 +2 口岸试点阶段，从事跨境电商的企业需在特殊区域内注册，具有独立法人资质，具备电子商务运营资质，能在区内完成跨境电子商务活动。

限品类，行邮属个人物品监管，商品需具有民众消费属性，譬如高档食品、化妆品、母婴类、服装鞋帽以及电子类产品等等（行邮税和关税差距过大的也不可）。

限金额，海关总署 2010 年 43 号文规定个人单次购买物品，每次限值 1000 元人民币，单次仅有一件商品且不可分割，且经海关审核趋属个人合理使用，可不受上述金额限制。2015 年 1 月 29 日，国家外汇管理局将单笔交易限额由等值 1 万美元提高至 5 万美元。

限数量，由于总体金额和单次金额已有限制，除特殊情况下，不再设置数量限制，但进境商品的数量在不符合正常交易秩序等特殊情况时，海关认为必要时可以限制。

限影响，试点不能大规模冲击税收和商品价格体系，不能有明显的监管漏洞。

在跨境电商的新趋势下，通过试点城市“阳光化海淘”层层推进，有利于建立新的监管模式和制度，也符合我国建立自贸区、一带一路、人民币国际化以及与周边经济一体化的大趋势。

1.5　中国跨境电子商务发展面临的挑战

经过国家政策的密集发布和对跨境电子商务产业发展推进步伐的加快，一些长期困扰我国跨境电子商务发展的瓶颈得到了初步解决，但是，我国跨境电子商务服务业的发展仍然滞后，完整的供应链体系尚未形成，配套的法律法规和信用体系等也不健全，无法满足快速发展的跨境电子商务需求。当前，中国跨境电子商务仍面对一些方面的挑战。

1.5.1 通关服务还需改进

各国海关对进出口实物在监管类别上，按照“是否具有贸易属性”，都可以划分为“货物”和“物品”两种，中国也不例外。货物由于具有贸易属性，属于海关严格监管的范围，是一般贸易方式监管，即“一关三检”，海关根据不同货物征收关税、增值税和消费税，商品需申请商品检验、动植物检疫和卫生检疫。跨境电商 B2B 多采用该种监管模式，这种通关方式由于检验检疫和通关手续烦琐，跨境电子商务的时效性得不到保障。

海关对物品的监管是按照行邮（行李和邮件）方式监管的，原则上需要主动申报，按章缴纳“行邮税”，尺度上突出“自用”和“合理数量”。由于跨境网络零售交易品种多、交易频次高，大量采用航空小包、邮寄、快递等方式，跨境电商 B2C 多适用该种监管模式。然而，为规范通过邮寄方式进行的海外代购活动，2012 年海关总署规定，所有境外快递企业使用 EMS 清关派送的包裹，不得按照进境邮递物品办理清关手续。这意味着这类包裹必须按照贸易货物通关，但传统的贸易通关方式并不适应跨境网络零售的特点。

此外，我国大多数小企业没有进出口经营权，跨境网络零售没有报关单，结汇、退税等难以操作。并且，跨境电商交易产生的返修及退回商品目前仍被视为进口商品，需缴纳进口关税。随着跨境电商贸易量的不断增加，这也是今后需要解决的众多问题之一。

1.5.2 市场监管体系有待进一步完善

对于跨境电子商务服务业，目前我国只有《互联网信息服务管理办法》、《电子签名法》等几部相关法律法规，对于跨境电子商务涉及的交易、税收以及消费者权益保障等方面都没有专门的规范和标准。我国电商企业通过跨境电商平台进行虚假宣传、销售假冒伪劣商品、侵犯知识产权、非法交易及欺诈行为时有发生，海外消费者投诉众多，这些都极大地影响了我国外贸电商的集体形象。据全球最大的电商平台 eBay 统计，中国大陆地区卖家在 eBay 完成的跨国交易中，平均每 100 个交易会面临 5.8 个投诉，远高于全球2.5个的平均水平。国外一些电子商品平台甚至针对中国卖家制定了歧视性的规定，如更高的佣金、更严厉的处罚措施等。此外，国内外的商品、商标体系不互认，标准体系不同步等问题也制约了跨境电子商务的发展。

1.5.3　结汇方式需调整优化

企业开展跨境电子商务主要采取下述三种结汇方式。一是开设多个个人账户。根据我国现行的外汇管理制度，个人账户每年每人至多兑换5万美元，而一些跨境电商企业的月营业额达到数十万美元，为规避国家限制，这些企业会以亲戚朋友或员工的名义开设多个个人账户，变相提高外汇结算总额度。二是通过地下外汇中介处理外汇问题。三是利用国内个别地区不限制结汇额度的特殊外汇政策结汇。据业内人士估计，跨境电子商务企业中约有40%～70%的资金以正规的渠道在境内结算，剩余部分则自行消化。其中，既有外汇管制的原因，也有企业以灰色方式偷避税的原因。

对跨境电商企业在跨境电子商务结汇方面存在的诸多不规范和不便利之处，国家还需采取进一步的优化和便利化的措施来更好的解决此类问题。

1.5.4　国际合作有待加强

跨境电子商务庞大的目标客户群都在海外，企业在跨境交易过程中遇到一些实际问题，如：俄罗斯海关缺少跨境电子商务解决机制和方案，导致大量包裹积压在海关，处理时间长达40～80天，甚至经常出现货物丢失；俄罗斯邮政系统处理能力低下，面对电子商务这类包裹处理经验严重不足；电商无法正常结汇，无法退税，大部分销售货款通过灰色渠道回到国内，企业面临一定的法律风险等。这些都需要通过国际间合作才有可能得到有效解决。

第 2 章　建立网店的基本操作

学习目标

通过本章学习，学生应了解目前各大跨境电子商务平台的网店注册流程、方法与注意事项，要明白各个平台网店注册的不同之处。

重点难点

本章重点难点是了解并掌控速卖通店铺、eBay、亚马逊店铺注册的基本操作流程。

2.1　速卖通店铺注册

1. 进入网站

想要在速卖通上卖货，得首先注册一个速卖通账号。打开全球速卖通网站首页 www. aliexpress. com，点击免费开店，如图 2 - 1 所示，进入开店流程：

图 2 - 1

2. 输入邮箱

接下来填写注册邮箱（见图 2 - 2），注册邮箱最好是常用的邮箱，比如 QQ 或 163 都可以，用于接收网站发送的邮件。

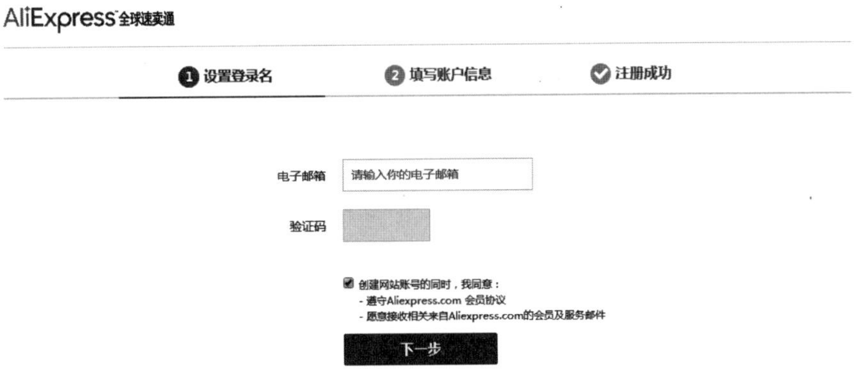

AliExpress全球速卖通

❶设置登录名 ❷填写账户信息 ✔注册成功

电子邮箱 请输入你的电子邮箱

验证码

创建网站账号的同时，我同意：
- 遵守Aliexpress.com 会员协议
- 愿意接收相关来自Aliexpress.com的会员及服务邮件

下一步

图 2 – 2

3. 填写信息

填写并提交邮箱信息后，阿里巴巴会发一封确认邮件给你，你需要按要求完成店铺信息填写，如图 2 – 3 所示：

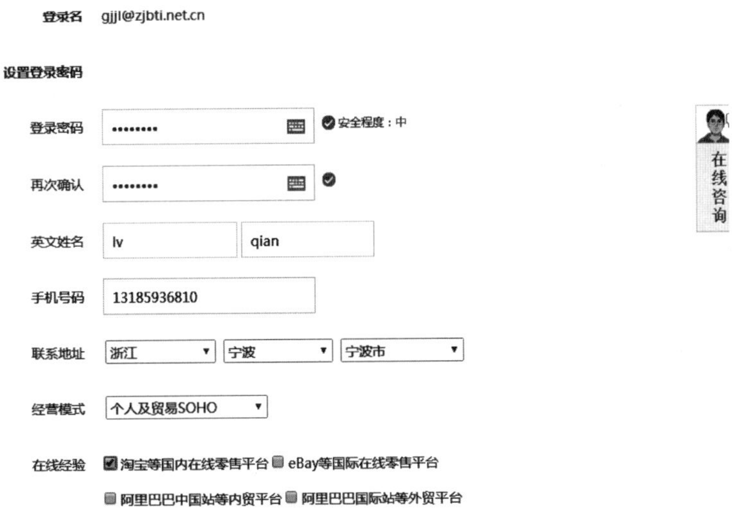

登录名 gjjl@zjbti.net.cn

设置登录密码

登录密码 •••••••• 安全程度：中

再次确认 ••••••••

英文姓名 lv qian

手机号码 13185936810

联系地址 浙江 宁波 宁波市

经营模式 个人及贸易SOHO

在线经验 淘宝等国内在线零售平台 eBay等国际在线零售平台 阿里巴巴中国站等内贸平台 阿里巴巴国际站等外贸平台

在线咨询

图 2 – 3

4. 填写校验码验证

图如 2 – 4 所示。

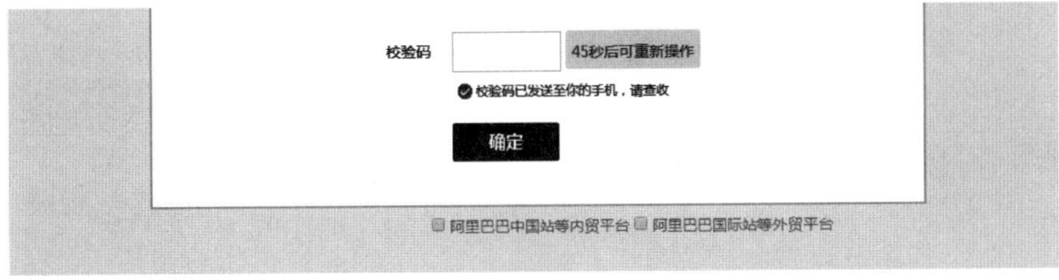

图 2 – 4

5. 实名认证

输入验证码后，你要进行实名认证，可以选择个人认证或企业认证，见图 2－5。

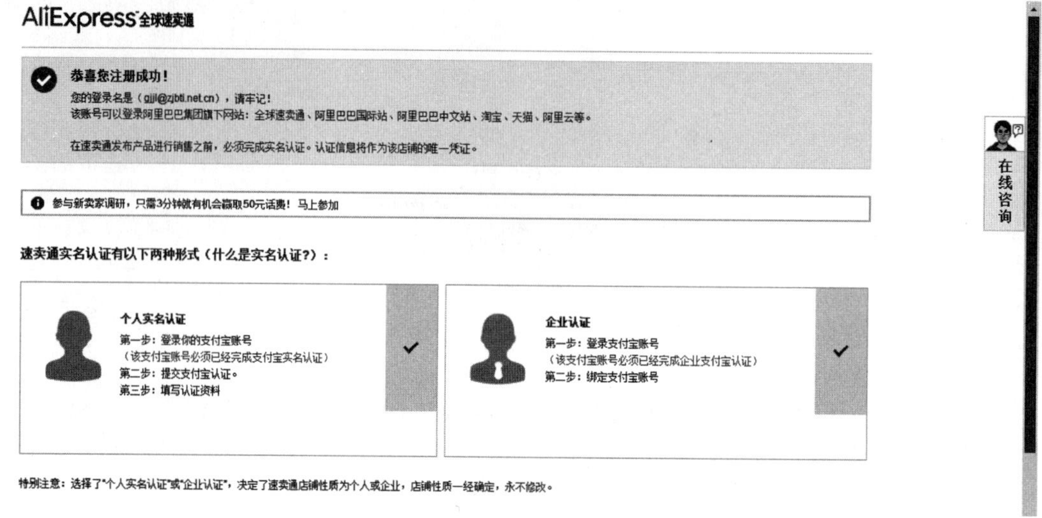

图 2－5

如果你有已通过的支付宝认证，就可以直接绑定，进而完成速卖通的注册。注意：一个支付宝账号只能注册一家店铺！

进入店铺之后，可以看到非常友好的界面。需要发布产品、管理产品、参加活动或查看数据分析都可以点相应的键，非常便于操作。（见图 2－6）

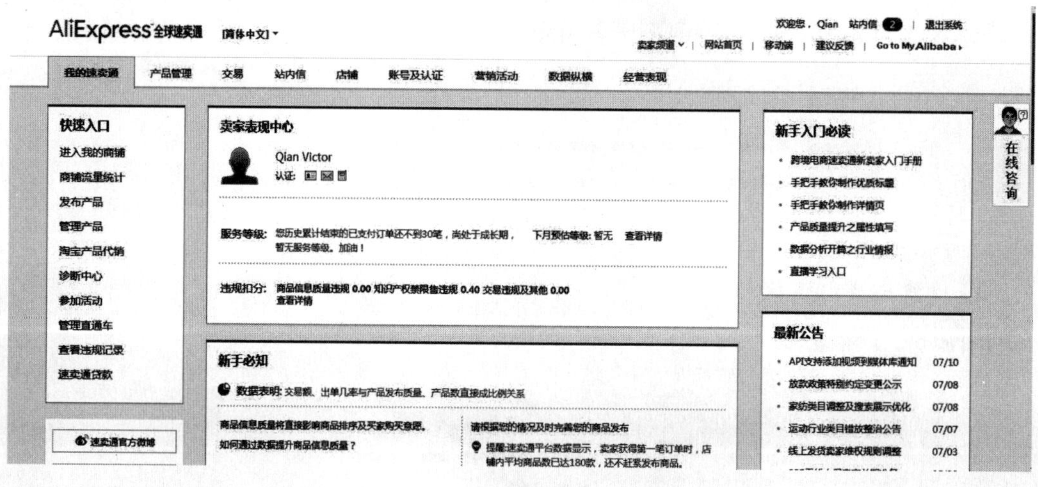

图 2－6

2.2　eBay 店铺注册

2.2.1　eBay 卖家账户类型

根据注册地不同，卖家账户分为海外账户和国内账户，eBay 对中国卖家有诸多限制，而海外账户却限制不多，因此海外账户优势明显。假如卖家办公地点在中国，而在使用海外账户，则需要使用翻墙软件来保护账户安全，否则如果 eBay 检测到卖家使用的 IP 和注册的 IP 不一样，会要求卖家进一步提供注册资料，这样就有可能导致制裁从而影响正常销售。

此外，按照注册主体不同，卖家账户又可分为普通账户和企业商户，普通账户再分为个人账户和商业账户。个人账户和商业账户区别在于：如果要在 eBay 欧洲站如德国站刊登销售，卖家账户必须为商业账户，如果注册企业账户，可以通过 eBay 提供的绿色通道来申请。

2.2.2　eBay 卖家个人账户注册

1. 注册 eBay 交易账户

（1）打开 www. ebay. com. hk 或者 www. ebay. cn，点击左上方“注册”按钮。（见图2 －7）

图 2 －7

（2）进入 eBay 注册页面后，设定你的 eBay 会员账号及密码。（见图 2 －8）

（3）按照注册表格的要求，如实填写每一栏的注册资料。

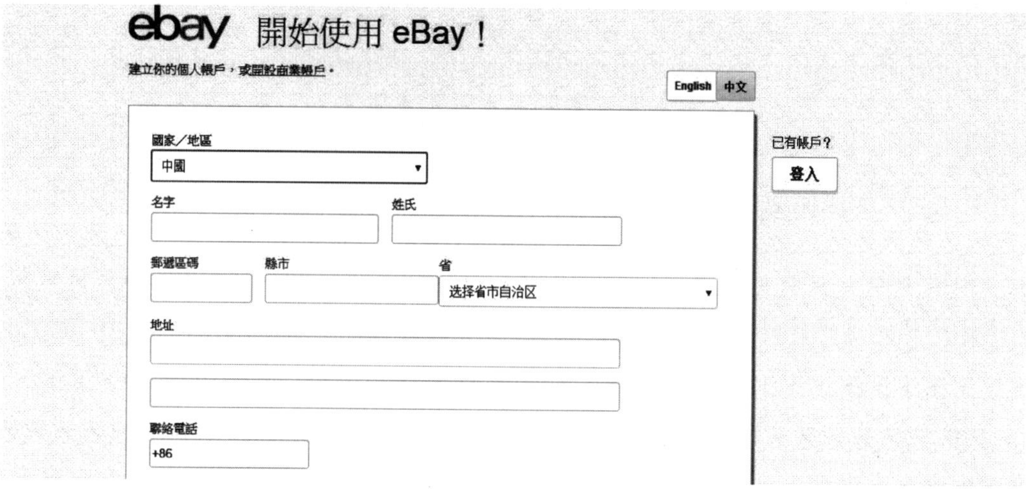

ebay 開始使用 eBay！

建立你的個人帳戶，或開設商業帳戶。

English 中文

已有帳戶？

登入

國家／地區

中國

名字

姓氏

郵遞區碼

縣市

省

选择省市自治区

地址

聯絡電話

+86

图 2-8

eBay 此时已将一封注册确认信发送到你的注册邮箱中，点击“请检查你的电子邮箱”。

进入邮箱后，找到并打开 eBay 发送给你的注册确认信，并点击邮件中的按钮“完成会员注册”，此时将跳转到 eBay 欢迎页，则完成交易账户注册。最后是 eBay 账户身份认证，大陆可以通过双币信用卡和手机进行验证，信用卡将虚拟扣除 10 美元，并在次月返还。

2. 注册 PayPal 资金账户

（1）打开 www. paypal. com，点击注册。

（2）建议注册 PayPal“高级账户”类型，适用于在线购物和销售的个人。（见图 2-9）

（3）按要求填写注册资料，点击页面下方的“我愿意，请创建我的账户”。（见图

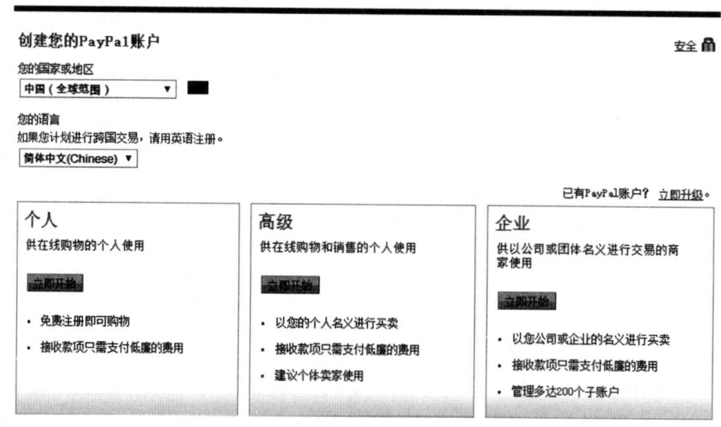

图 2-9

2－10）

（4）PayPal 认证：双币信用卡或借记卡认证。

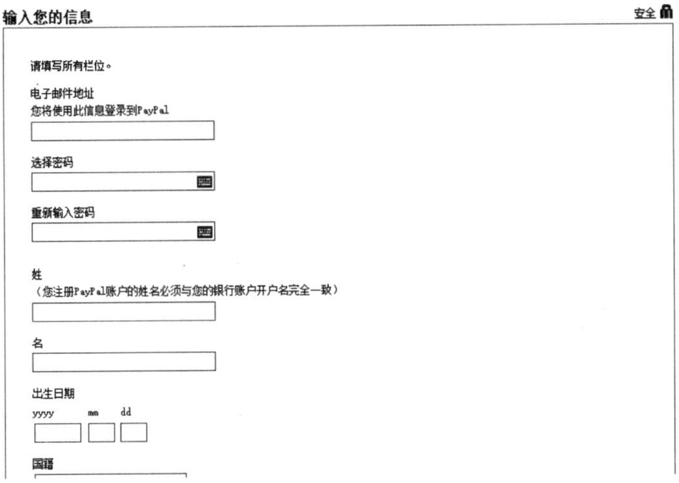

输入您的信息　　安全

请填写所有栏位。

电子邮件地址
您将使用此信息登录到PayPal

选择密码

重新输入密码

姓
（您注册PayPal账户的姓名必须与您的银行账户开户名完全一致）

名

出生日期
yyyy　mm　dd

国籍

图 2－10

3. 绑定您 eBay 账户与 PayPal 账户

（1）登录 eBay 账户，点击右上角我的 eBay。

（2）点击账户——PayPal 账户——连接到我的 PayPal 账户——输入 PayPal 账号和密码。

4. 注意事项

（1）注册账户时，如实填写注册资料。

（2）使用 hotmail、gmail、163 等国际通用的邮箱作为注册邮箱，以确保顺利接受来自 eBay 及海外买家的邮件。

（3）准备一张双币信用卡（VISA、MasterCaed），信用卡要开通网上银行，方便日后操作。

（4）最好在跨国认证之后，再进行销售。

跨国认证需要的资料：身份证资料、个人近照、地址证明资料（地址证明要和注册地址一致）。

5. 个人账户与商业账户之间的转换

登录我的 eBay——点击账户内幕中的个人资料——编辑账户类型——按照类型填写公司名称即可（公司可以随意填写）。

6. 普通账户和企业账户的区别

（1）额度不同（额度超过都不能在刊登）。

（2）企业账户有客户经理协助管理账户，普通账户则没有。

注：额度是可以随着账号的表现进行提升的。

7. 企业账户—绿色通道的注册流程

方法一：http：//darnai. eBay. cn ，直接提交公司资料，等 eBay 客服通过审核，一般 1 ~2 周，如果没有回应则表示没有审核通过。

注意：本服务仅面对首次入住的企业和客户，若已经注册了 ebay 账户，则无法通过审核。

方法二：直接与上海 eBay 的工作人员联系，写邮件或打电话告知你想申请的企业账户，然后工作人员会把你需要提交的资料和相关步骤发给你。

8. 成功注册后商品的刊登

成功刊登一件商品，是开始 eBay 外贸的第一步。请务必真实准确地描述物品，从一开始就合理控制好买家的期望。买家对商品的了解越多，最后就越不容易对交易感到失望，也更容易赢得买家的认可。

2. 3　亚马逊店铺注册

亚马逊是跨境电商商家的必争之地，在亚马逊上开店又分成几种，可以参与亚马逊全球开店，也可以在亚马逊的国家站点进行开店，比如在亚马逊美国、加拿大、德国、日本、英国等网站开店。几种方式在企业资质、审批时间、所需材料、客户服务等方面存在差异，想从事亚马逊跨境业务的企业应该根据自身企业和产品的特点，选择适合自己的亚马逊开店方式。

下面以亚马逊美国站的开店为例，讲一讲亚马逊店铺注册。在亚马逊美国站开店需要遵循以下几点：

1. 需要一台电脑

这看着像废话，但其实不然。因为一台电脑只能登录一个亚马逊账号，而亚马逊的技术侦察手段非常厉害，如果登录两个及以上账号，就会触及关联账号条款而使得账号被封。因此，准备好一台专门做新申请的亚马逊账号的电脑是第一步。

2. 需要一张可透支的双币信用卡

该信用卡可以是 Visa 或 Master，用于亚马逊账户激活，需为美元卡，国内的卖家可以申请双币信用卡。有了双币信用卡之后才可以卖东西，但暂时收到的钱是在亚马逊账户中的。

3. 需要一个手机或座机

手机或座机是用来验证注册账户的，建议用座机，因为手机验证有时存在小问题而导致四位 pin 码输入后无效果。账户注册有四次验证机会，如果手机无法通过验证，请立即换成座机或其他手机，否则验证失败后要等 12 个小时进行重新验证。

4. 需要一个邮箱

这个邮箱是亚马逊的登录账号，该邮箱注册成功后可以申请更换。建议用个人常用邮箱，使用稳定性好而通用的邮箱。

5. 需要美国本土银行卡

亚马逊店铺产生的销售额是全部保存在亚马逊自身的账户中的，想要把钱提取出来，需要有美国本土的银行卡，这也是对广大中国外家来说头疼的事情。

6. 需要美国税号

亚马逊规定，年销售额在 2 万美金和销售数量在 200 笔需要缴税。实际上很多卖家销售达到 50 笔就会收到亚马逊的邮件，要求 1 个月之内提供税号，否则将关闭账户。

美国税号分成两种：个人税号和公司税号。个人税号：美国公民都有个人税号，美国公民都有社会安全号（SSN，相当于中国的身份证号码），SSN 可直接申请报税；中国人一般都是没有 SSN 的。公司税号：目前在美国做亚马逊的国人，基本上都是通过注册美国公司这个途径来解决税号问题。注册美国公司不像中国那么复杂，是不需要注册资本的。

7. 需要了解 Amazon 的操作流程和规则

亚马逊开店相当严格并且比较复杂，如果自己摸索着慢慢熟悉，一不小心操作失误就会造成账户被封，一切都要重头来过。

更需要注意的是，假如你位于美国以外的国家，你还需要阅读并遵守以下国际卖家规则：

如果你打算注册美国亚马逊销售平台，通过该平台从美国以外的国家出售商品，那么你需要确保满足以下几个重要条件：

（1）必须有由亚马逊支持的国家的银行账户，以此来接受付款。

（2）必须在卖家档案里准确地陈述发运国家，供客户参考。

（3）保证客户订单的货物将在预期内时间内收到。

（4）所有产品必须以美元为收费单位。

（5）必须用美国英语与客户进行通信沟通。

第3章　跨境电子商务支付

学习目标

通过本章相关知识的学习，学生应了解跨境电子商务第三方支付方式的原理与流程，熟悉常用的国际第三方支付工具的流程、特点与异同，掌握收款账户认证的方法，学会创建、绑定和修改支付宝账户，学会查询银行的Swift Code，能创建美元收款账户并提取收款。

重点难点

本章重点是能够用正确的方法对收款账户进行认证，如何创建、绑定和修改支付宝账户。本章难点是如何创建美元收款账户，美元账户结汇应注意的问题。

3.1　第三方支付方式的付款流程

1. 第三方支付系统的概念

第三方支付，就是一些和产品所在国家以及国外各大银行签约、并具备一定实力和信誉保障的第三方独立机构提供的交易支持平台。在通过第三方支付平台的交易中，买方选购商品后，使用第三方平台提供的账户进行货款支付，由第三方通知卖家货款到达、进行发货；买方检验物品后，就可以通知付款给卖家，第三方再将款项转至卖家账户。

2. 第三方支付系统的实现原理

第三方机构与各个主要银行之间签订有关协议，使得第三方机构与银行可以进行某种形式的数据交换和相关信息确认。这样第三方机构就能实现在持卡人或消费者与各个银行，以及最终的收款人或者是商家之间建立一个支付的流程。

3. 交易流程

（1）消费者选购商品，买卖双方达成交易意向。

（2）消费者选择第三方支付平台，将货款划到第三方账户，并设定发货期限。

（3）第三方支付平台通知商家，消费者的货款已到账，要求商家在规定时间内发货。

（4）商家收到消费者已付款的通知后按订单发货，并在网站上做相应记录。

（5）消费者收到货物并确认满意后通知第三方支付平台。

（6）消费者满意，第三方支付平台将货款划入商家账户，交易完成；顾客对货物不满，第三方支付平台确认商家收到退货后，将货款划回消费者账户或暂存在第三方账户中等待消费者下一次交易的支付。

4. 第三方支付系统的特征

（1）第三方支付平台是一个为网络交易提供保障的独立机构。

（2）第三方支付平台不仅具有资金传递功能，而且可以对交易双方进行约束和监督。

（3）第三方支付平台支付手段多样灵活，用户可使用网络、电话、手机短信等多种方式进行支付。

（4）较之SSL、SET等支付协议，利用第三方支付平台进行支付操作更加简单而易于接受。

（5）第三方支付平台本身依附于大型的门户网站，且以与其合作的银行的信用作为信用依托，能较好地突破网上交易中的信用问题，有利于推动电子商务的快速发展。

5. 第三方支付系统的分类

第三方支付系统的分类，见图3－1。

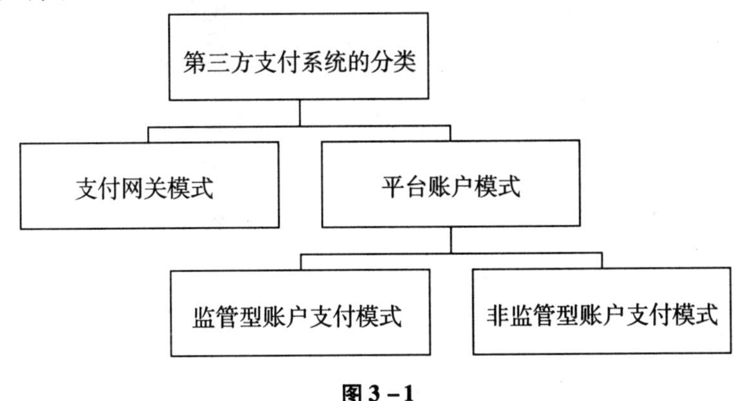

图3－1

6. 第三方支付系统的优缺点

（1）第三方支付系统的优点

- 第三方支付平台采用了与众多银行合作的方式，方便了网上交易的进行。
- 促成商家和银行的合作。
- 第三方支付平台能够提供增值服务。
- 第三方支付平台可以对交易双方的交易进行详细的记录，从而防止交易双方对交易行为可能的抵赖以及为在后续交易中可能出现的纠纷问题提供相应的证据。

（2）第三方支付的局限性

- 第三方支付还不适宜在 B2B 中进行。
- 交易中出现纠纷时，买卖双方往往各执一词，相关部门取证困难。
- 支付平台流程有漏洞，不可避免地出现人为要赖、不讲信用的情况。另外有些第三方支付平台存在安全漏洞，这些不足已成为第三方支付发展道路上必须要完善和改进的地方。

3.2　常用的国际第三方支付工具

3.2.1 PayPal

PayPal，就是通常说的“PayPal 贝宝国际”，是一个总部在美国加利福尼亚州的因特网第三方支付服务商，针对具有国际收付款需求用户设计账户类型，允许在使用电子邮件来标识身份的用户之间转移资金。PayPal 也和一些电子商务网站合作，成为它们的货款支付方式，是目前全球使用最为广泛的网上交易工具之一，但使用这种支付方式转账时，须交纳一定金额的手续费。（见表 3－1）PayPal 能帮助用户：

- 进行便捷的外贸收款，提现与交易跟踪；
- 从事安全的国际采购与消费；
- 快捷支付并接收包括美元、加元、欧元、英镑、澳元和日元等 25 种国际主要流通货币。

1. 支付流程

当 PayPal 付款人欲支付一笔款项给商家或者收款人时，可以分为以下几个步骤：

（1）只要有一个电子邮件地址，付款人就可以登录开设 PayPal 账户，通过验证成为其用户，并提供信用卡或者相关银行资料，增加账户金额，将一定数额的款项从其开户时登记的账户（例如信用卡）转移至 PayPal 账户下。

表 3-1　PayPal 给买家和卖家带来的好处

买　家	卖　家
安全	高效
付款时无须向商家提供任何敏感金融信息 享有 PayPal 买家保护政策	实现网上自动化支付清算，有效提高运营效率 多种功能强大的商家工具
简单	保障
集多种支付途径为一体 无须任何服务费 两分钟即可完成账户注册，具备多国语言操作界面	PayPal 成熟的风险控制体系 商家因欺诈所遭受的平均损失不到其收入的 0.27% 内置的防欺诈模式，个人财务资料不会被披露
便捷	节省
支持包括国际信用卡在内的多种付款方式 数万网站支持 PayPal，一个账户买遍全球	只有产生交易才需付费，没有任何开户费及年费 集成 PayPal，即集成所有常见国际支付网关

（2）当付款人启动向第三人付款程序时，必须先进入 PayPal 账户，指定特定的汇出金额，并提供授款人的电子邮件账号给 PayPal。

（3）接着 PayPal 向商家或者收款人发出电子邮件，通知其有等待领取或转账的款项。

（4）如商家或者收款人也是 PayPal 用户，其决定接受后，付款人所指定之款项即移转予收款人。

（5）若商家或者收款人没有 PayPal 账户，收款人得依 PayPal 电子邮件内容指示连线站进入网页注册，取得一个 PayPal 账户，收款人可以选择将取得的款项转换成支票寄到指定的处所、转入其个人的信用卡账户或者转入另一个银行账户。

从以上流程可以看出，如果收款人已经是 PayPal 的用户，那么该笔款项就汇入他拥有的 PayPal 账户；若收款人没有 PayPal 账户，网站就会发出一封通知电子邮件，引导收款者至 PayPal 网站注册一个新的账户。

2. PayPal 的优势

① 全球用户广　　② 品牌效应强

③ 资金周转快　　④ 安全保障高

⑤ 使用成本低　　⑥ 数据加密技术

目前 PayPal 支持以下国内银行发行的银联卡：

中国工商银行	中国建设银行
中国农业银行	中国银行
交通银行	招商银行
上海浦东发展银行	华夏银行
中信银行	兴业银行
中国民生银行	中国光大银行
中国邮政储蓄银行	

3. PayPal 的缺点

- 资料审查严格，提供错误资料会被冻结账号。
- 对收款人限制特别多：如忽然收到一笔不明来源的款项就会被 PayPal 认为是可疑款项而限制，并要求解释款项的来源，如解释得不到 PayPal 接受则被冻结。
- 解冻时间长，需要提供许多隐私资料。
- 收款手续费高，美国为所转款项的 2.4% ~3.4% +0.3 美元，其他国家为所转款项的 2.9% ~3.9% +0.3 美元。

4. PayPal 与 PayPal 贝宝

PayPal 和 PayPal 贝宝是 PayPal 公司提供面向不同用户群的两种账户类型。PayPal 和 PayPal 贝宝是独立运作的两个网站，常有用户在注册时，将两者混淆。

PayPal 账户，就是通常说的“PayPal 国际”账户，是针对具有国际收付款需求用户设计的账户类型。

PayPal 贝宝账户，我们通常说的“贝宝”账户，则是 PayPal 专为中国用户推出的本土化产品。产品面向拥有人民币单币种业务需求的企业与个人，帮助我们在贝宝账户和银行账户之间进行人民币转账。贝宝为用户提供全免费的业务服务，但目前还没有取得中国国内支付牌照。

PayPal 贝宝是由上海网付易信息技术有限公司与世界领先的网络支付公司——PayPal 公司通力合作为中国市场度身定做的网络支付服务。由于中国现行的外汇管制等政策因素，PayPal 贝宝仅在中国地区受理人民币业务。若你是从事跨国交易的卖家，建议你使用PayPal账户，注册了 PayPal 贝宝的邮箱不能用于注册 PayPal 账户。

由于外汇管制，中国用户不能像其他国家用户那样在账户里添加一个自己的银行账户，PayPal 里的钱就可以直接转入。中国用户取钱的办法是在自己的 PayPal 账户里的金额超过 150 美元后，要求 PayPal 开张支票，支票会寄往注册地址，拿到支票后，到银行去办理托收，整个过程60~80天；或者直接点电汇到银行提现，提现手续费是35美元一次，一次最高可提10万美元。

5. PayPal账户详解

PayPal账户分三种类型：个人账户、高级账户和企业账户。用户可根据实际情况进行注册，个人账户可以升级为高级账户再而升级为企业账户，反之企业账户也可以降为高级账户或者个人账户。

（1）个人账户：适用于在线购物的买家用户。主要用于付款，可以收款，但比起高级或企业账户少了一些商家必备的功能和特点，如：查看历史交易记录的多种筛选功能、商家费率、网站集成、快速结账等集成工具，因此不建议卖家选择。

（2）高级账户：适用于在线购物或在线销售的个人商户。可以付款、收款，并可享受商家费率，使用网站付款标准，快速结账等集成工具以及集中付款功能，帮助商家拓展海外销售渠道，提升销售额，推荐进行跨国交易的个人卖家使用。

（3）企业账户：适用于以企业或团体名义经营的商家，特别是使用公司银行账户提现的商家用户。

拥有高级账户的所有商家功能，可以设立多个子账户，适合大型商家使用，每个部门设立子账户进行收款。另外，企业账户需要添加的企业名称开办的电汇银行账户进行转账，添加个人名字开办的电汇银行账户可能导致转账失败。

6. PayPal与支付宝的差异

（1）PayPal是全球性的，通用货币为加元、欧元、英镑、美元、日元和澳元6种货币；支付宝是中国的，以人民币结算。

（2）PayPal是保护买方方针，支付宝是偏向卖家方针，也就是说PayPal从买家角度考虑问题，买家有任何不满意都可以提出争议，卖家无法拿到钱。而支付宝超过时效就钱货两清。

（3）PayPal是一个将会员分等级的机构，对高级账户会收取手续费，当然利益保障也更牢靠。支付宝则不存在这一分等级的做法。

（4）由3可以引出：PayPal账户存在投诉率过高会导致账户永久性关闭，因此卖家是很谨慎的。支付宝不会轻易关闭账户。

（5）PayPal的资金在美国可以提现至银行，中国可以电汇至银行，都是要手续费的。支付宝直接提现至银行，免手续费。

3.2.2 Escrow

阿里巴巴国际支付宝由阿里巴巴与支付宝联合开发，是为了保护国际在线交易中买卖双方的交易安全所设的一种第三方支付担保服务，全称为 Escrow Service。如果你已经拥有国内支付宝账户，只需绑定国内支付宝账户即可，无须再申请国际支付宝账户。

国际支付宝的服务模式与国内支付宝类似：交易过程中先由买家将货款打到第三方担保平台的国际支付宝账户中，然后第三方担保平台通知卖家发货，买家收到商品后确认，货款放给卖家，至此完成一笔网络交易。

国际支付宝的交易流程如下：确认订单→买家付款→卖家发货→买家收货→卖家收款。

1. 使用国际支付宝的优势

（1）多种支付方式：支持信用卡、银行汇款多种支付方式。目前国际支付宝支持的支付方式有信用卡、T/T 银行汇款、PayPal。后续将会有更多的支付方式接入进来。

（2）安全保障：先收款，后发货，全面保障卖家的交易安全。国际支付宝是一种第三方支付担保服务，而不是一种支付工具。对于卖家而言，它的风控体系可以保护其在交易中免受信用卡盗卡的欺骗风险，而且只有国际支付宝收到了货款时，才会通知卖家发货，这样可以避免在交易中使用其他支付方式导致的交易欺诈。

（3）方便快捷：线上支付，直接到账，足不出户即可完成交易。使用国际支付宝收款无须预存任何款项，速卖通会员只需绑定国内支付宝账户和美元银行账户就可以分别进行人民币和美元的收款。国际支付宝提现无须申请，买家确认收货且物流妥投后，国际支付宝将直接把钱汇到卖家的国内支付宝账户或绑定的银行账户中。

（4）品牌优势：背靠阿里巴巴和支付宝两大品牌，海外潜力巨大。

2. 国际支付宝与国内支付宝（Alipay）的区别

国际支付宝的第三方担保服务是由阿里巴巴国际站同国内支付宝联合支持提供的。在使用上，只要卖家有国内支付宝账户，无须再另外申请国际支付宝账户。登录“My Alibaba”后台（中国供应商会员）或“我的速买通”后台（普通会员），就可以绑定你的国内支付宝账户来收取货款。

支付宝英文名称的变化对收款影响不大，但是需要理解以下几点，以便在做生意时更好地同买家沟通。

（1）国际支付宝是一种第三方支付担保服务，而不是一种支付工具。

（2）在阿里巴巴的全球速卖通平台上的买家页面已经用“Escrow”代替“Alipay”，所以在产品发布时，不能再出现“Alipay”一词了。在产品发布时，可以使用以下或者类似措辞：“We accept the payment methods provided by AliExpress Escrow.”

3. 国际支付宝支持的产品交易及运输方式

目前国际支付宝支持部分产品的小额批发、样品、小单、试单交易，只要你的产品满足以下条件即可通过国际支付宝进行交易。

（1）产品可以通过EMS、DHL、UPS、FedEx、TNT、SF、邮政航空包裹等7种运输方式进行发货。只要能够通过这7种运输方式发货的产品，都可以使用国际支付宝进行交易。暂时不支持海运。

（2）每笔订单金额小于10000美元（产品总价加上运费的总额）。

4. 通过国际支付宝在线交易的报关及核销退税

如果货物申报价值在600美元以下，快递公司会集中报关。如果货物申报价值超过600美元，可提供全套的报关单据，委托快递公司代报关。

买家使用Visa和MasterCard信用卡支付时，无法核销退税。买家使用T/T银行汇款和PayPal支付时，卖家报关后可以进行核销退税。

5. 国际支付宝的支付方式

国际支付宝支持多种支付方式：信用卡、T/T银行汇款、Moneybookers、借记卡。

（1）信用卡支付。买家可以使用Visa及MasterCard对订单进行支付，如果买家使用此方式支付，订单完成后，平台会将订单款项按照买家付款当天的汇率结算成人民币支付给卖家。

（2）T/T银行汇款支付。这是国际贸易的主流支付方式，大额交易更方便。如果买家使用此方式支付，订单完成后，平台会直接将美元支付给卖家。不过其中会有一定的汇款转账手续费用，收到的金额可能会有一定出入。此外，银行提现也需要一定的提现费用。

（3）Moneybookers支付。Moneybookers是欧洲的一个电子钱包公司（类似与PayPal），而且集成了50多种支付方式，在欧州是主流的支付服务商。

（4）借记卡支付。国际通行的借记卡外表与信用卡一样，其右下角印有国际支付卡机构的标志。它通行于所有接受信用卡的销售点。唯一的区别是，当使用借记卡时，用户没有Credit Line，只能用账户里的余额支付。

国际支付宝是否有每年5万美元的收款限制?

当买家使用信用卡支付时，所有的外币都将由中国银行按照买家支付当天的平均汇率直接转换为人民币，卖家收到的是人民币，因此没有5万美元的收款限制。

如果你设置于美元收款账户收取美元，使用公司账户收款时，必须办理正式报关手续，并在银行端完成相关出口收汇核查、国际收支统计申报之后，才能顺利收汇、结汇。如果使用个人美元收款账户，会受到每年5万美元的限制。

如果设置了美元个人收款账户，超过5万美元的限制可以通过两种方式解决：

(1) 如果一次提现已经超过5万美元，可以分年结汇，例如2015年先结5万美元，剩余的待下一年结汇。

(2) 在金额未超过5万美元时提现一次，下次提现时更改个人收款账户，分开提现。

3.3 收款账户及认证

以国内商家常用的跨境电子商务支付工具支付宝为例，其收款账户的认证流程分为：个人支付宝账户认证流程和企业支付宝账户认证流程。

1. 个人支付宝账户认证流程

进入www.alipay.com，登录支付宝账户（账户类型为个人账户），在“我的支付宝”页面，请点击“申请认证”。进入支付宝实名认证的介绍页面，输入校验码，点击“立即申请”。

仔细阅读支付宝实名认证服务协议后，点击“我已经阅读并同意接受以上协议”按钮，才可以进入支付宝实名认证。有两种进行实名认证的方式可选，请选择其中一种，点击“立即申请”。如通过“支付宝卡通”来进行实名认证，则点击“立即申请”，并按照提示步骤来申请开通。

2. 企业支付宝账户认证流程

登录www.alipay.com，找到认证入口，填写认证信息，确认后，进入填写信息页面。请正确填写公司名称、营业执照注册号和校验码。公司名称需与营业执照上完全一致，填写后即进入具体信息提交页面，如申请人不是公司法定代表人，请下载委托书。组织机构代码、企业经营范围、企业注册资金、营业执照有效期等非必填项可以选择填写。请核对提交的信息是否正确。确认无误后，点击“下一步”，进入审核页面，审核次数为两次。审核成功后，请等待客服工作人员对营业执照信息的审核。

卖家信息审核成功后，平台将在 1 ~3 个工作日内给卖家的银行卡打款，请确认后继续操作。

请确认支付宝给你的账户付款的金额，点击“继续”，填写你收到的金额，完成此次认证。点击“继续”进入金额款额，请你查询近期对公银行账户中支付宝打入的小于 1 元的金额。确认金额成功后，即完成整个卖家认证过程。

3.4　创建、绑定和修改支付宝账户

如果之前没有设置支付宝收款账户（可以通过创建或登录支付宝的方式进行绑定），具体操作流程如下。

登录全球速卖通，点击“交易”按钮，进入“收款账户管理”界面。选择“人民币收款账户”，如果你还没有支付宝账户，可以点击“创建支付宝账号”；也可以使用已经有的支付宝，点击“登录支付宝账号”进行设置。(见图 3 –2)

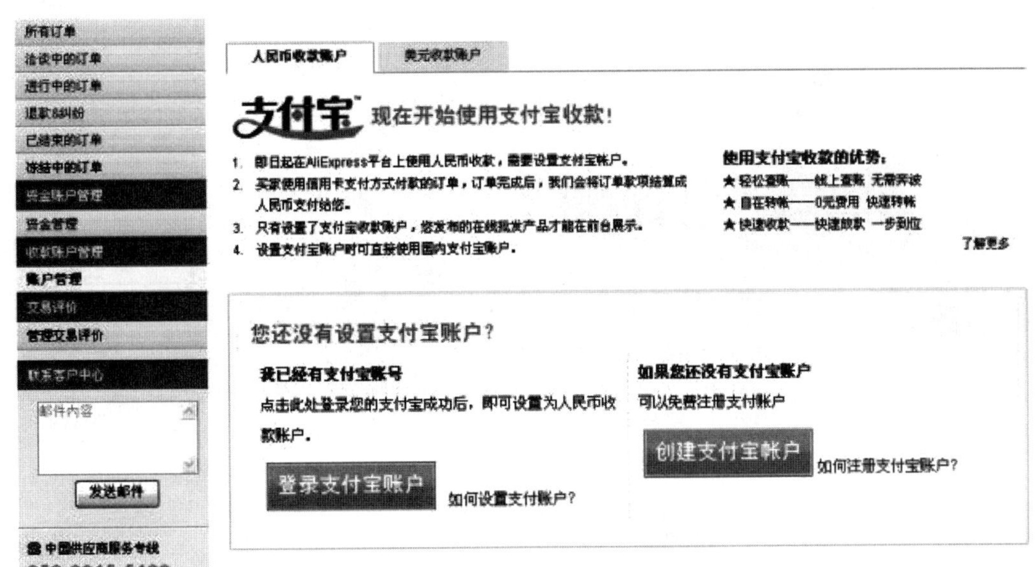

图 3 –2

支付宝账户登录界面如图 3 –3 所示。依次填写“支付宝账户名”、“登录密码”等

必填项，填写完毕后点击“登录”按钮。登录成功后，即完成收款账户的绑定，也可以对收款账户进行编辑。

图 3－3

若还未有支付宝账户，可以点击“创建支付宝账号”，填写相应信息，完成支付宝注册。输入注册信息时，请按照页面中的要求如实填写，否则会导致你的支付宝账户无法正常使用。点击“填写全部”可以补全信息。(见图 3－4)

图 3－4

3.5 查询银行的Swift Code

Swift Code其实就是ISO 9362，也叫SWIFT－BIC、BIC code、SWIFT ID，由计算机可以识别的8位或11位英文字母或阿拉伯数字组成，用于在Swift电文中区分金融交易中的不同金融机构。

Swift Code的11位数字或字母可以拆分为银行代码、国家代码、地区代码和分行代码四部分。以中国银行广东省分行为例，其Swift Code为BKCHCNBJ400，含义为：BKCH（银行代码）、CN（国家代码）、BJ（地区代码）、400（分行代码）。

银行代码：由4位英文字母组成，每家银行只有一个银行代码，由其自己决定，通常是该行的名字或缩写，适用于其所有的分支机构。

国家代码：由两位英文字母组成，用以区分用户所在的国家和地理区域。

地区代码：由0、1以外的两位数字或两位字母组成，用以区分位于所在国家的地理位置，如时区、省、州、城市等。

分行代码：由3位字母或数字组成，用来区分一个国家里某一分行、组织或部门。如果银行的Swift Code只有8位而无分行代码时，其初始值为“×××”。

可以拨打银行的服务电话，询问该行Swift Code。各大银行的服务电话如下：

中国银行：95566　　中国工商银行：95588

中国农业银行：95599　　中国建设银行：95533

中国交通银行：95559　　招商银行：95555

民生银行：95568　　华夏银行：95577

也可以登录Swift国际网站（www. swift. com）查询页面来查询我国特定城市特定银行的Swift Code。

首先，你需要要知道该银行的缩写统一代码，下面列出了一些国内可以转账的银行的统一代码。

中国银行：BKCHCNBJ　　中国工商银行：ICBKCNBJ

中国农业银行：ABOCCNBJ　　中国建设银行：PCBCCNBJ

中国交通银行：COMMCNSH　　招商银行：CMBCCNBS

民生银行：MSBCCNBJ　　华夏银行：HXBKCNBJ

工行国际借记卡：ICBKCNBJICC

以中国银行广东省分行为例，登录Swift国际网站查询页面，根据提示填入要查询的银行信息。在“BIC or Institution name”中填入中国银行的统一代码：BKCHCNBJ；在“City”一栏中填入要查询的银行所在城市的拼音：Guangzhou；在“Country”栏选择“CHINA”；最后在“Challenge response”中填入所看到的验证码。（见图 3－5）

BIC search

The BIC Search provides access to the basic BIC Information. For professional purposes, please subscribe to the new SWIFTRef Directories

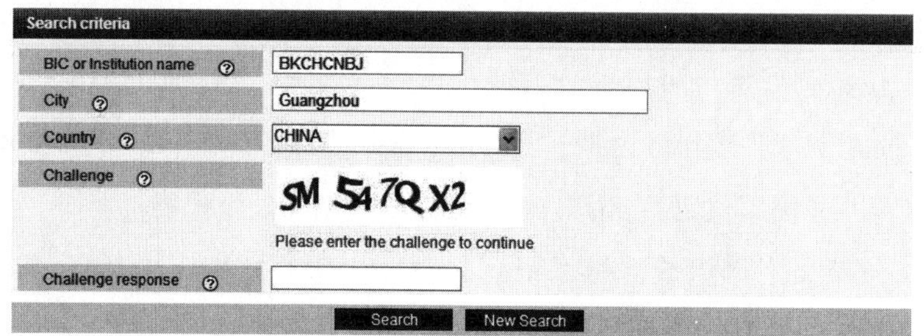

Discover SWIFTRef Directories

图 3－5

完整填写要查询的银行信息后，点击“Search”按钮，即可查询到相应的 Swift Code。（见图 3－6）

BIC search

The BIC Search provides access to the basic BIC Information. For professional purposes, please subscribe to the new SWIFTRef Directories

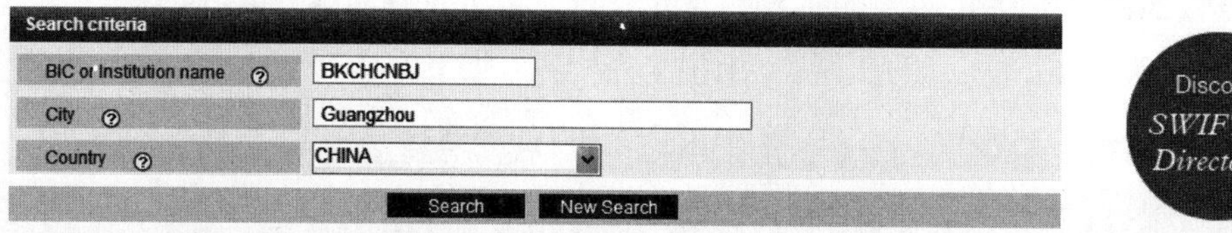

Search results (3 BICs found). Last update: 13 May 2015

BIC	Institution name	City	Country	Status
BKCHCNBJ400	BANK OF CHINA GUANGDONG BRANCH	GUANGZHOU	CHINA	Connected
BKCHCNBJ42A	BANK OF CHINA GUANGZHOU BRANCH	GUANGZHOU	CHINA	Connected
BKCHCNBJ42G	BANK OF CHINA	GUANGZHOU	CHINA	Connected

Display 10 records per page

图 3－6

3.6 创建美元收款账户

以阿里巴巴速卖通平台为例，创建美元收款账户可以按以下步骤进行：

1. 新增账户

如果是中国供应商会员，请登录 My Alibaba，点击“交易”→“资金账户管理”，进入“支付宝国际账户”界面，点击“创建美元收款账户”。

如果是普通会员，则登录“我的速买通”，点击“交易”→“资金账户管理”，进入“支付宝国际账户”界面，点击“创建美元收款账户”。（见图3－7）

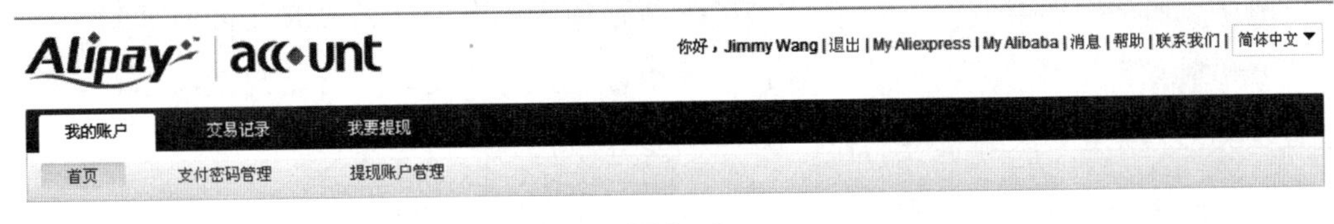

图3－7

点击进入“新建美元账户”之后，可以选择“公司账户”和“个人账户”两种账户类型。

2. 公司账户

请不要使用中文填写信息，否则将引起放款失败，从而产生重复放款，损失手续费。设置的公司账户必须是美元账户或是能接收美元的外币账户。在中国大陆地区开设的公司必须有进出口权才能接收美元并结汇。使用公司账户收款的订单，必须办理正式报关手续，才能顺利结汇。

3. 个人账户

请不要使用中文填写信息，否则将引起放款失败，从而产生重复的放款，损失手续费。

客户创建的个人账户必须能接收海外银行（新加坡花旗银行）公司对个人的美元的打款。收汇没有限制，个人账户年提款总额可以超过5万美元。但需注意结汇应符合外汇管制条例，每人5万美元结汇限额。选择账户后，依次填写“开户名（中文）”、“开户名（英文）”、“开户行”、“Swift Code”、“银行账号”等必填项。填写完毕后，点击“保存”按钮即可。

全球速卖通美元收款账户的相关问题

（1）哪些卡可以接受美元？我没有能接受美元的外币账户，怎么办？普通银行卡可以接收外币吗？

国内的银行都有外币业务，可以接收外币，但是需要本人带上有效身份证去银行开通个人外币收款功能。如果你的卡本身就是双币卡（人民币和美元），就可以直接接收了。

（2）为什么美元收款账户只能填写一个，能不能同时设置公司账户和个人账户？

对于美元账户来说，公司账户的收款要求、用途和个人账户存在很大的区别。如果客户同时设置了公司账户和个人账户，当公司账户有问题时，打款到个人账户，会造成报关之后无法退税结汇等问题。

（3）我创建的美元账户有误，想删除后重新创建，可以吗？

不可以。可以编辑修改你的美元账户，但是不可以删除。因为删除后将会导致买家使用银行汇款时出现错误。

（4）我只设置了美元收款账户，没有设置人民币收款账户，能否做交易？

不可以。

（5）我有一个某银行的私人账户，既可以收人民币，也可以收美元，那我可否即填写在人民币个人账户，又填写在美元个人账户？

请向发卡银行确认，是否能接收国外的美元汇款。因为全球速卖通是从新加坡花旗银行汇款进你的账户的。

（6）已设置了美元个人收款账户，收款超过5万美元的限制怎么办？

有两种解决方案：如果一次提现已经超过5万美元，可以分年结汇；还可以在金额未超过5万美元时提现一次，下次提现时更改个人收款账户，分开提现。

（7）已设置了美元收款账户，提现要手续费吗？

美元提现手续费用按提取次数计算，每笔提款手续费固定为15美元，已包含所有中转银行手续费。建议卖家减少提款次数，当可提资金累积到一定金额时再进行提现操作。

3.7 提取收款

以阿里巴巴速卖通平台为例，目前该平台支持EMS、DHL、UPS、FedEx、TNT、SF、邮政航空包裹等7种物流运输方式。针对以上方式，平台放款规则如下。

1. 总则

若买家确认收到货物或买家确认收货超时，系统会自动核实订单中所填写货运跟踪号（以下简称运单号）。系统将核对运单号状态是否正常、妥投地址是否与订单中的收货地址一致等信息。

如运单号通过系统审核，系统会自动将款项支付到卖家的收款账户中。如运单号未通过系统审核，订单将进入服务部人工审核流程。

2. 人工审核规则

所有进入服务部人工审核流程的订单，服务人员都会根据运单号的查询情况进行判断。目前主要有以下几种情况。

（1）地址不一致（运单号妥投地址与买家提供的收货地址不一致），服务人员会联系卖家，请卖家提供发货底单。

（2）未妥投（订单中部分或全部运单号的查询结果未正常显示妥投），服务人员会联系买家，核实买家是否已经收到货物。如买家表示收到货物，正常放款；如未收到，则请卖家配合向快递公司查询。

（3）运单号无效（运单号无法查询到任何信息），服务人员会联系卖家提供发货底单。

（4）货物被退回（运单号显示货物已经被退回），服务人员会联系卖家核实是否收到货物，并做退款处理。

3. 注意事项

为了保证能够及时收到货款，请注意以下几点：

（1）请尽量使用平台支持的货运方式，并在发货期内填写真实有效的运单号。

（2）请及时更新运单号。如运单号在货运途中发生变更，请及时更新。

（3）请卖家配合服务人员提供相应的证明。

（4）在买家确认收货或者确认收货超时，且货运信息正常的情况下，卖家会在 3 ~ 5 个工作日内收到相应的订单款。

第4章　国际物流与运费模板设置

学习目标

通过本章相关知识的学习，学生应掌握跨境电商主要物流方式的基本知识，能根据产品特点、运往国家和对物流要求，选择合适的物流方式；会计算运费；能按照要求设定速卖通平台的运费模板。

重点难点

本章重点是主要国际物流方式的比较、国际物流的选择和速卖通平台运费模板的设置，能根据包裹的情况和各物流方式的特点，选择合适的物流方式，并计算运费。难点是物流方式的选择、运费的计算和速卖通平台运费模板的设置。

4.1　国际物流的主要方式

目前跨境电商的国际物流主要有四种：邮政物流、商业快递、专线物流和海外仓储模式。

4.1.1　邮政物流

1. 中国邮政物流

中国邮政物流，根据运营主体不同可分为两大业务种类：一是中国邮政邮局的中国邮政航空小包和大包，二是中国邮政速递物流分公司的EMS和ePacket等业务方式，两者运营的主体不同，包裹的收寄地点也不同。

(1) 中国邮政航空小包（China Post Air Mail）

它又称“中邮小包、空邮小包、航空小包”，以及其他以收寄地市局命名的小包（如“上海小包”、“宁波小包”），包含挂号、平邮两种服务。中国邮政挂号小包

(China Post Registered Air Mail) 需要加挂号费每单 8 元，提供网上跟踪查询服务。

由于价格便宜、投寄方便，中国邮政小包也是当前中国跨境电商卖家首选的小包主要物流方式。

① 中邮小包的体积和重量限制。包裹的重量在 2kg 以内（到阿富汗为 1kg 以内）；体积大小：非圆筒货物：长 + 宽 + 高≤90cm，单边长度≤60cm，长度≥14cm，宽度≥9cm；圆筒形货物：直径的两倍 + 长度≤104cm，单边长度≤90cm，直径的两倍 + 长度≥17cm，长度≥10cm。

② 中邮小包的运费计算：

中邮挂号小包运费 = 重量 × 单位价格 × 折扣率 + 挂号费

中邮平常小包 = 重量 × 单位价格 × 折扣率

注意中邮小包的最低收费为 50 克（即首重为 50 克），如果包裹重量轻于 50 克，则按 50 克计算。

例 1 某跨境电商卖家，要发送一件货物到德国，选择中邮挂号小包。他从货代那拿到运费折扣率为 9 折，包裹的重量为 0.5kg，长、宽、高为 30cm × 20cm × 10cm，请（1）判断此件包裹是否符合中邮小包的体积和重量限制要求？如符合，则该跨境电商卖家需支付多少运费？

答：a. 该包裹的重量 = 0.5kg≤2kg，符合重量要求；

该包裹的长、宽、高 = 30cm × 20cm × 10cm，长、宽、高之和 = 60cm≤90cm，最长边 = 30cm≤60cm，符合体积要求；

因此该包裹符合中邮小包的重量和体积限制要求，可以按中邮小包发送。

表 4－1 中国邮政小包的价格表

资费区	寄往国家（地区）	运价（元/kg）
1 组	日本	62 元
2 组	韩国、马来西亚、泰国、新加坡、印度、印度尼西亚	71.5 元
3 组	奥地利、澳大利亚、希腊、爱尔兰、保加利亚、波兰、比利时、德国、丹麦、芬兰、荷兰、捷克、克罗地亚、挪威、葡萄牙、瑞典、瑞士、斯洛伐克、匈牙利、意大利、以色列	81 元
4 组	土耳其、新西兰	85 元

续表

资费区	寄往国家（地区）	运价（元/kg）
5组	阿曼、阿塞拜疆、爱沙尼亚、白俄罗斯、波黑、巴基斯坦、朝鲜、法国、菲律宾、哈萨克斯坦、吉尔吉斯斯坦、加拿大、卡塔尔、罗马尼亚、卢森堡、立陶宛、拉脱维亚、马耳他、蒙古、美国、斯里兰卡、斯洛文尼亚、塞浦路斯、沙特、卡特尔、塔吉克斯坦、土库曼斯坦、乌克兰、乌兹别克斯坦、西班牙、叙利亚、英国、亚美尼亚、越南、巴勒斯坦	90. 5元
6组	南非	105元
7组	阿根廷、巴西、墨西哥	110元
8组	阿富汗、阿联酋、不丹、巴林、东帝汶、柬埔寨、科威特、黎巴嫩、老挝、缅甸、马尔代夫、孟加拉国、秘鲁、尼泊尔、文莱、约旦、伊朗、伊拉克、也门、智利	120元
9组	安道尔、阿尔巴尼亚、冰岛、梵蒂冈、法罗群岛、格鲁吉亚、黑山、列支敦士登、摩尔多瓦、摩纳哥、马其顿、塞尔维亚、圣马力诺、直布罗陀	147. 5元
10组	阿尔及利亚、安哥拉、埃及、安圭拉、阿鲁巴、埃塞俄比亚、阿森松岛、安提瓜和巴布达、巴巴多斯、巴布亚新几内亚、博茨瓦纳、波多黎各、巴哈马、布基纳法索、布隆迪、巴拉圭、法属波利尼西亚、玻利维亚、百慕大、贝宁、巴拿马、赤道几内亚、多哥、多米尼加、厄瓜多尔、厄立特里亚、佛得角、斐济、福克兰群岛（马尔维纳斯）、法属圭亚那、古巴、冈比亚、关岛、瓜德罗普、刚果（布）、刚果（金）、哥伦比亚、格陵兰岛、格林纳达、哥斯达黎加、圭亚那、海地、洪都拉斯、荷属安的列斯、津巴布韦、吉布斯、基里巴斯、加纳、加那利群岛、几内亚、几内亚比绍、加蓬、卡奔达、库克群岛、科科斯（基林）群岛、科摩罗、喀麦隆、开曼群岛、肯尼亚、科特迪瓦、利比里亚、利比亚、留尼汪、莱索托、卢旺达、马达加斯加、密克罗尼西亚、马里、摩洛哥、毛里求斯、马拉维、北马里亚内、莫桑比克、马绍尔群岛、美属维尔京群岛、马提尼克、蒙特塞拉特、马跃特、纽埃、尼加拉瓜、瑙鲁、纳米比亚、南乔治亚岛和南桑德韦奇岛、尼日尔、尼日利亚、帕劳、皮特凯恩群岛、诺福克岛、美属太平洋各群岛、苏丹、圣诞岛、圣多美和普林西比、萨尔瓦多、圣赫勒拿、圣基茨和尼维斯联邦、塞拉利昂、所罗门群岛、苏里南、圣卢西亚、索马里、美属萨摩亚、塞内加尔、圣皮埃尔和密克隆、塞舌尔、斯威士兰、圣文森特和格林纳丁斯、汤加、托克劳、特克斯和凯科斯群岛、特立尼达和多巴哥、特里斯达库尼亚群岛、突尼斯、坦桑尼亚、图瓦卢、危地马拉、乌干达、乌拉圭、瓦利斯和富图纳、瓦努阿图、委内瑞拉、新喀里多尼亚、西撒哈拉、西萨摩亚、英属印度洋领土、伊夫尼、约翰斯敦岛、牙买加、亚速尔群岛和马德拉群岛、英属维尔京群岛、赞比亚、乍得、中非、扎伊尔、赫德岛和麦克唐那岛、斯瓦尔巴岛和扬马延岛、复活岛、法属南部领土	176元
11组	俄罗斯	96. 3元

b. 根据表 4 - 1 中邮小包的运价表，查到去德国的中邮小包运价是 81 元/kg，因此该包裹的运费为：

$$
\begin{aligned}
\text{该包裹的运费} &= \text{重量} \times \text{中邮小包单位价格} \times \text{折扣率} + \text{挂号费} \\
&= 0.5\text{kg} \times 81\ \text{元/kg} \times 0.9 + 8\ \text{元} \\
&= 44.45\ \text{元}
\end{aligned}
$$

③ 中邮小包的时效与跟踪查询。

时效：中邮小包的时效为 15 ~ 60 天，到土耳其、新西兰、北欧等国家较快（12 ~ 15 天）；到西班牙、加拿大、澳大利亚较慢（30 ~ 45 天）；到巴西等南美国家非常慢，发货高峰期甚至派送时间会超过 60 天。

跟踪查询：平邮小包不受理查询；挂号小包大部分国家可全程跟踪，部分国家只能查询到签收信息，部分国家不提供信息跟踪服务，如寄到澳大利亚的包裹，只能查到中国境内的追踪信息。

中邮挂号小包查询网址：

中国邮政官方网站：http：//intmail. 11185. cn/zdxt/yjcx/.

卖家也可登录一些社会网站进行查询，如：

一起跟踪网：http：//17track. net.

赛兔网：www. 91track. com.

对于以上网站未能展示的信息，如境外邮政的接收、投递信息等，也可以尝试登录不同国家邮政的网站进行查询。

④ 中邮小包的优缺点。

优点：运费经济，便宜，可以送达全球各个邮政网点；国内中邮货代服务发达，折扣优惠；走邮政包裹通道，可以最大程度避免关税。

缺点：运输时间长，12 ~ 60 天；丢包率高，丢包后赔偿响应慢，且赔偿成功概率不高。

（2）中国邮政大包

中国邮政大包，又称中国邮政航空大包，即 China Post Air Parcel ，俗称“航空大包”或“中邮大包”。但事实上，中国邮政大包除了航空大包外，还包括水陆运输的大包。中邮大包可寄达全球 200 多个国家，价格低廉，清关能力强，对时效性要求不高而稍重的货物，可选择使用此方式发货。

① 中邮大包的体积和重量限制。中邮大包体积和重量的限制根据运输物品的重量及目的国家而有所不同，参照网址 http：//11185. cn/index. html，单边体积不超

过100cm。

② 中邮大包的运费计算。中邮大包以首重1千克、续重1千克的计费方式结算，运价见表4－2。

表4－2　中邮大包的运价表

国家（地区）	航空	续重	SAL	续重	海运	续重	限重
	每千克	每千克	每千克	每千克	每千克	每千克	千克
美国	158.5	95	104.6	51.1	83.5	20	30000
英国	162.3	76.6	126.2	50.5	108.1	22.4	30000
日本	124.2	29.6	110.9	26.3	108	13.4	30000
加拿大	137.7	72	99.2	45.7	86.2	22.7	30000
澳大利亚	143.8	70	117.2	53.4	88.8	15	20000
法国	185.3	68.3	149.1	42.1	131	14	30000
意大利	159.3	71.2	121.1	43.2	99.8	11.7	20000
德国	190.9	69.5	154.7	43.3	140.8	19.4	30000
西班牙	166	72	126.1	42.1	无	无	20000
奥地利	153.8	60.4	123.9	40.5	116.1	22.7	20000
荷兰	158.9	68.5	122.8	42.4	104.7	14.3	20000
新西兰	171.1	101.5	无	无	116.4	18.8	20000
波兰	139.4	56.1	117.8	44.5	无	无	15000
爱尔兰	162.2	72.4	124.1	44.3	无	无	20000
法属波利尼西亚	234	107.5	无	无	143.4	21.7	20000
阿尔巴尼亚	161.4	57.9	135.6	42.1	无	无	20000
瑞典	184.9	57.6	161.8	44.5	152.8	25.5	20000
瑞士	161	68.8	124.6	42.4	115.2	23	30000
罗马尼亚	150.3	57.7	128.2	45.6	无	无	21000
以色列	192.2	95.8	无	无	112.8	16.4	20000
南非	210.2	117.1	无	无	110.9	17.8	20000
丹麦	161.2	70.8	121.3	40.9	105.3	14.9	20000
比利时	210.2	51.7	182.3	33.8	164.2	5.7	20000
挪威	179.4	75.9	138	44.5	134.6	31.1	20000
冰岛	179.8	83.4	140.5	54.1	无	无	20000

续表

国家（地区）	航空	续重	SAL	续重	海运	续重	限重
	每千克	每千克	每千克	每千克	每千克	每千克	千克
马提尼克	229.7	108	155.7	48.7	无	无	20000
赛普路斯	156.8	75.9	无	无	99.4	13.7	30000
匈牙利	145.1	57	121.4	43.3	106.5	18.4	20000
俄罗斯	170.2	59.3	144.9	44	无	无	20000
中国香港	76.9	21	无	无	60.7	4.8	30000
哥伦比亚	212.7	137.6	132.6	67.5	无	无	20000
新加坡	91	35.1	无	无	66.8	10.9	40000
孟加拉	119.3	45.5	无	无	93.7	19.9	30000
马耳他	162.8	65.8	148.3	56.6	无	无	10000（SAL20000）
土耳其	158.9	82.1	120.8	54	无	无	20000
爱沙尼亚	149.2	52.8	137	50.6	无	无	20000
留尼旺岛	240.7	119	无	无	137.3	15.6	20000
韩国	98.3	21.3	96	29	87.9	10.9	20000
巴西	240.2	122.5	158.1	55.2	139.4	21.7	20000（SAL30000）
缅甸	88.8	28.7	无	无	69.7	9.6	10000
波多黎各	158.5	95	无	无	83.5	20	20000
瓜德罗普	229	107.3	155.7	48.7	无	无	20000
墨西哥	172.4	90.5	无	无	103.4	21.5	20000
多米尼加	164.1	99.2	113.7	58.8	无	无	20000
阿根廷	249.8	138.5	157.5	56.2	无	无	20000
阿塞拜疆	167.3	65	152	59.7	无	无	20000
保加利亚	144.2	58.5	119	43.3	无	无	20000
克罗地亚	155.1	70.4	125	50.3	无	无	30000
印度尼西亚	94.6	38.7	无	无	66.5	10.6	20000
尼日利亚	171.1	83	144.6	61.8	无	无	30000
关岛	160.7	95	无	无	85.8	22.3	20000
捷克	157.2	71.5	118.4	42.7	107.8	22.1	15000
希腊	133.5	59.7	122.4	53.9	无	无	20000

续表

国家 （地区）	航空 每千克	续重 每千克	SAL 每千克	续重 每千克	海运 每千克	续重 每千克	限重 千克
乌克兰	161.2	54.1	147.1	50	无	无	20000
阿联酋	124.9	51.1	无	无	94.1	15.6	20000
智利	214.5	129.2	150.8	70.7	无	无	20000
开曼群岛	194.3	106	无	无	135.5	42.4	20000
沙特阿拉伯	144.5	76.7	无	无	86.6	17	20000
巴拉圭	227.6	145.1	130.2	64.6	无	无	20000
斯洛文尼亚	161.6	71.2	129.2	48.8	无	无	20000
哈萨克斯坦	100.9	30.5	无	无	82.8	12.4	20000
毛里求斯	140	81.6	无	无	78.7	15.5	20000
葡萄牙	191	80.1	148	47.1	无	无	20000
斯洛伐克	149.1	72.3	110.4	43.6	无	无	15000
拉脱维亚	127.4	54.8	114	51.4	无	无	20000
印度	155.6	57.7	无	无	84.2	13.8	20000
立陶宛	148.7	52.3	133.1	46.7	无	无	20000
津巴布韦	213.8	111.5	无	无	127.6	25.3	20000
卢森堡	155.8	67.7	120	41.9	无	无	20000
南斯拉夫	169.5	56.5	145.4	42.4	无	无	15000
巴拿马	181	110.2	130.2	64.6	无	无	20000
泰国	83.7	27.8	无	无	66.5	10.6	20000
埃及	155.6	60.4	无	无	119.4	19.4	20000
委内瑞拉	200.6	107.8	147.3	64.5	无	无	20000
直布罗陀	151.6	79	114.5	51.9	无	无	20000
吉尔吉斯斯坦	108.2	28.5	无	无	95.5	15.8	20000
黎巴嫩	141.1	55.4	122.5	54	无	无	10000 （SAL20000）
芬兰	203.9	79	159.4	44.5	145.5	20.6	20000
安道尔	185.3	68.3	149.1	42.1	无	无	20000
新喀里多尼亚	206.4	79.9	无	无	136.9	15.2	20000

续表

国家（地区）	航空	续重	SAL	续重	海运	续重	限重
	每千克	每千克	每千克	每千克	每千克	每千克	千克
斯里兰卡	121.5	44.5	无	无	103.8	22	20000
格陵兰岛	161.2	70.8	121.3	40.9	无	无	20000
马来西亚	82.6	26.7	无	无	67.9	12	20000
荷属安的列斯群岛	198.2	117.3	无	无	146.7	65.8	20000
格鲁吉亚	177.6	63.4	166.8	62.6	无	无	20000
菲律宾	113.2	35.5	无	无	95.2	17.5	20000
斐济	135.5	74.8	无	无	79.3	13.9	20000
文莱达鲁萨兰	110.7	45.8	无	无	82.9	18	20000
马尔代夫	187.2	68.2	无	无	145.3	26.3	10000
乌拉圭	249.3	133.4	176.9	71	无	无	20000
阿尔及利亚	163.7	77.3	126.3	49.9	无	无	10000
约旦	157.3	71.6	无	无	107.2	16.8	30000
巴哈马	169	93.7	145	79.7	无	无	30000
乌兹别克斯坦	127.3	20.8	无	无	124.9	18.4	20000
玻利维亚	252.6	151.3	无	无	133.5	32.2	20000
哥斯达黎加	172.3	102.3	115.5	55.5	无	无	20000
瓦努阿图	152.6	83	无	无	84.9	20	20000
摩纳哥	185.3	68.3	149.1	42.1	无	无	20000
厄瓜多尔	220.2	114.5	160.7	65	无	无	20000
阿富汗	219.1	72.1	无	无	160.5	27.5	20000
白俄罗斯	134.8	56.3	121.5	53	无	无	20000
刚果	224	109.8	148.3	73.1	无	无	20000
刚果民主共和国	227.3	117.2	175.1	70.9	无	无	20000
博茨瓦纳	225.6	115.3	143.2	56.8	无	无	20000
科威特	155.4	64.6	无	无	111.2	15.6	10000
波黑	167.4	75.8	131.2	49.6	无	无	20000

续表

国家（地区）	航空	续重	SAL	续重	海运	续重	限重
	每千克	每千克	每千克	每千克	每千克	每千克	千克
列支敦士登	153.3	68.5	117.2	42.4	无	无	20000
秘鲁	235.3	147	150.4	72.1	无	无	20000
危地马拉	167.1	93.8	无	无	94	20.7	20000
巴巴多斯	160.9	95.1	124.8	69	无	无	20000
特立尼达和多巴哥	158.2	93.3	113.8	58.9	无	无	20000
基里巴斯	166.8	101.4	无	无	83.1	17.7	20000
赞比亚	212.1	120.5	无	无	115.5	23.9	20000
美属维尔京	160.7	95	无	无	83.5	20	20000
安哥拉	203	106.6	无	无	125.3	24.2	20000
阿曼	150.8	54.4	无	无	129.1	18	30000（海运 20000）
巴布亚新几内亚	183.4	67.3	130.5	14.4	无	无	20000
摩洛哥	166.5	80.8	无	无	102.8	17.1	20000
格林纳达	163.5	97	131	74.5	无	无	20000
法属圭亚那	238	116.3	179.8	68.1	无	无	20000
叙利亚	128.7	54.9	无	无	95.8	17.3	20000
坦桑尼亚	195.7	107.5	无	无	105.1	16.9	20000
喀麦隆	194.4	97.2	155	67.8	无	无	20000
卡塔尔	153.1	53.2	无	无	97.7	15.8	20000
几内亚比绍	243.8	89.1	无	无	177.9	23.2	30000（海运 20000）
萨尔瓦多	172.7	97.1	129.3	63.7	无	无	20000
百慕大群岛	192.1	93.3	159.4	70.6	无	无	20000
巴基斯坦	136	50.3	无	无	95.1	9.4	20000
老挝	149.5	41.4	无	无	138.1	30	20000
樊地冈	139.7	74.8	无	无	无	无	20000
牙买加	164.6	99.7	116.4	61.5	无	无	20000
加纳	183.5	83.5	无	无	124.7	20	30000（海运 10000）

续表

国家（地区）	航空	续重	SAL	续重	海运	续重	限重
	每千克	每千克	每千克	每千克	每千克	每千克	千克
乌干达	179. 1	94. 6	无	无	106	16. 8	10000（海运 20000）
也门	166. 5	92. 7	无	无	96. 2	17. 7	10000（海运 20000）
伯利兹	174. 4	99. 4	143. 8	78. 8	无	无	20000
洪都拉斯	191. 1	100. 7	无	无	116. 2	25. 8	20000
摩尔多瓦	163	60. 7	152. 4	60. 1	无	无	2000
加那利群岛	165. 9	135	126. 1	105. 2	无	无	20000
阿拉伯联合酋长国	124. 9	51. 1	无	无	94. 1	15. 6	20000
圭亚那	146	81. 4	107. 4	48	无	无	10000（SAL20000）
塞尔维亚	169. 5	56. 5	145. 4	42. 4	无	无	15000
伊拉克	191. 8	75. 2	无	无	无	无	10000
中国澳门	108. 9	28. 7	无	无	90. 2	10	20000
圣马力诺	159. 3	71. 2	121. 2	43. 1	无	无	20000
利比亚	154. 6	64. 2	无	无	115. 5	20. 3	10000
马里	192. 1	99. 4	151. 8	69. 1	无	无	20000
越南	77. 3	21. 4	无	无	60. 7	4. 8	20000
巴林	137. 7	51. 5	无	无	108. 5	17. 6	20000
埃塞俄比亚	155. 2	95. 1	无	无	88	23. 1	20000

注：表中的 SAL 为中国邮政空运水陆路大包，是中国邮政国际普邮包裹三种服务方式中的一种，可寄达全球 200 多个国家和地区。

例 2　某跨境电商有个包裹要运往加拿大买家，该包裹的重量是 2. 6kg，体积为 40cm × 25cm × 10cm，请问（1）该包裹是否能选择中邮小包发送？（2）如选择中邮航空大包，则该包裹的运费应该是多少？假定从货代处取得大包运费折扣率为 9 折。（具体折扣率可以跟邮政或货代公司协商。）

答：（1）不能选择中邮小包，因为重量 = 2. 6kg ≥2kg 的中邮小包重量限制。

（2）中邮大包的运价按首重 1 千克、续重 1 千克的计费方式结算，续重不满 1kg

按1kg计算。根据表4－2中邮航空大包到加拿大的运价，首重137.7元，续重72元/kg，挂号费8元/单，则：

该中邮航空大包的运费＝（首重运价＋续重运价×续重重量）×折扣率＋挂号费

＝（137.7元＋72元/KG×2KG）×0.9＋8元

＝261.53元

③ 中邮大包的跟踪查询：官方查询网址：http：// intmail. 183. com. cn/.

④ 中邮大包的优缺点。

优点：

a. 成本低，尤其是该方式以首重1kg、续重1kg的计费方式结算，价格比EMS低，且和EMS一样不计算体积重量，没有偏远附加费，较商业快递有绝对的价格优势。

b. 通达国家多，中邮大包可通达全球大部分国家和地区，且清关能力强。

c. 运单操作简单，中邮大包的运单简单，操作方便。

缺点：

a. 部分国家限重10kg，最重也只能30kg 。

b. 妥投速度慢。

c. 查询信息更新慢。

（3）国际E邮宝

国际E邮宝，ePacket，隶属EMS业务下面，是中国邮政为适应国际电子商务寄递市场的需要，为中国电商卖家量身定制的一款全新经济型国际邮递产品，提供该服务的为中国邮政速递物流公司，是中国邮政集团公司直属全资公司，主要经营国际、国内EMS特快专递业务。国际E邮宝和香港国际小包一样，是针对轻小件物品的空邮产品，限2kg以内空邮产品。

① 国际E邮宝的重量和体积限制。单件最高限重2千克，单件的最大尺寸：长、宽、高合计不超过90厘米，最长一边不超过60厘米。圆卷邮件直径的两倍和长度合计不超过104厘米，长度不得超过90厘米。单件最小尺寸：单件邮件长度不小于14厘米，宽度不小于11厘米。圆卷邮件直径的两倍和长度合计不小于17厘米，长度不少于11厘米。

② 国际E邮宝适用的国家和运价。截至2015年7月，国际E邮宝开通运往的国家是美国、澳大利亚、英国、加拿大、法国和俄罗斯。其运价见表4－3。

表 4－3　国际 E 邮宝的运价表

运往国家	美国	澳大利亚	英国	加拿大	法国	俄罗斯
运价（元/kg）	80	80	70	70	70	100
挂号费（元/单）	7	30	25	25	26	10

③ 国际 E 邮宝的运费计算。

E 邮宝运费＝单位运价×重量×折扣率＋挂号费

例 3　某跨境电商卖家需要发运一包货物到美国，包裹的重量为 1.3kg，体积为 35cm×20cm×15cm，选择 E 邮宝，没有获得折扣率（全折），请问该货物的 E 邮宝到美国的运费是多少？

答：该包裹 E 邮宝运费＝单位运价×重量×折扣率＋挂号费

＝80 元/kg ×1.3kg×1＋7 元

＝111 元

④ 国际 E 邮宝的追踪查询。美国、澳大利亚和加拿大 ePacket 业务提供全程时限跟踪查询，但不提供收件人签收证明；英国 ePacket 业务提供收寄、出口封发和进口接收信息，不提供投递确认信息。卖家可通过官方网址：http：//www. ems. com. cn 查询。

⑤ 国际 E 邮宝的优缺点。

优点：时效快，适合到美国的 2kg 以内的货物，时间为 3～15 天，且费用便宜。

缺点：只适合 2kg 以内的货物；一些国家的挂号费较贵，因此，对重量特别轻的商品而言，运价不是很经济；不受理查单业务，不提供邮件丢失、延误赔偿。

（4）EMS 邮政快递

EMS（即“Express Mail Service”），邮政特快专递服务。它是中国邮政提供的一种快递服务。提供该服务的为中国邮政速递物流公司，是中国邮政集团公司直属全资公司，主要经营国际、国内 EMS 特快专递业务。EMS 国际快递是中国邮政联合各国邮政开办的一项特殊邮政业务。该业务在各国邮政、海关、航空等部门均享有优先处理权。这是 EMS 区别于很多商业快递的最根本的地方。

① EMS 的体积和重量限制。EMS 的体积、重量限制参考网站：http：//www. ems. com. cn/.

② EMS 的运价。EMS 国际快递的资费标准请参考官方网站：http：//www. ems. com. cn/. 分区不同，折扣不同，卖家可与邮政或货代公司协商。

运费的计算也是按运费＝首重＋续重×重量来计算。

③ EMS 的跟踪查询。卖家可以登录 EMS 快递官方网站：http：//www. ems. com. cn/.

查看相应的收寄、跟踪信息。

④ EMS 的优缺点。

优点：国际 EMS 快递通关能力强，可发名牌产品、电池、手机、MP3、MP4 等产品；货物不计体积，适合发体积大、重量小的货物；无燃油附加费及偏远附加费；时效较邮政大包快，原则上 3～15 天内到达全球各目的地；寄往俄罗斯等国家有优势。

缺点：EMS 相对于商业快递而言，速度会偏慢些；查询网站信息滞后，一旦出现问题，只能做书面查询，查询时间较长；不能一票多件，大货价格偏高。

2. 其他国家或地区的邮政小包

邮政小包、大包是使用较多的一种国际物流方式，依托万国邮政联盟网点覆盖全球，其对于重量、体积、禁限寄物品要求等方面均存在很多的共同点，然而不同国家和地区的邮政所提供的邮政服务却或多或少存在一些差别，主要体现在不同区域会有不同的价格和时效标准，对于承运物品的限制也不同。

（1）香港邮政小包。香港小包的时效中等，价格适中，运费不分片区，全球统一，计算很容易。处理速度快，上网速度快。官方查询网站：http：//www. hongkongpost. hk/.

（2）新加坡邮政小包。价格适中，服务质量高于邮政小包一般水平，并且是目前常见的手机、平板等含锂电池商品的运输渠道；适合运到柬埔寨等国家，价格便宜，时效快。官方查询网站：http：//www. singpost. com/.

（3）瑞士邮政小包。欧洲线路时效较快，但价格较高，欧洲通关能力强，欧洲申根国家免报关。官方查询网站：http：// www. swisspost. com/.

还有很多不同地区的邮政小包，但目前被跨境电商卖家广泛使用的不多，这里就不一一介绍了。

总之，邮政小包是当前跨境电商使用的主要物流方式。在使用邮政小包运输时，跨境电商卖家需与多个物流渠道的货运代理公司建立联系，一方面确保尽快了解各类渠道的最新消息，根据最新信息使用多个渠道组合，如中邮小包爆仓，则换香港小包；香港小包爆仓，则换新加坡小包；新加坡小包爆仓，则换菲律宾小包等。另一方面，因不同小包有其最适合的产品及运往国家，跨境电商卖家一定要妥善运用手头的物流资源，选择适合产品运输的最佳物流方式。

4.1.2 商业快递

1. FedEx

FedEx 全称 Federal Express，即联邦快递，是全球最具规模的快递运输公司，隶属于美国联邦快递集团。FedEx 发货有 FedEx IP 服务和 FedEx IE 服务，FedEx IP 服务为优先型服务，舱位有保障，享有优先安排航班的特权，时效保障。FedEx IE 服务为经济型服务，价格相对较实惠，但是时效相对 FedEx IP 慢。

（1）体积和重量限制。单件最长边不能超过 274cm，最长边加其他两边的长度的两倍不能超过 330cm；一票多件（其中每件都不超过 68kg），单票的总重量不能超过 300kg，超过 300kg 请提前预约；单件或者一票多件包裹有超过 68kg 的，需提前预约。

（2）运费。联邦快递的运费标准最终以其官方网站公布为准。联邦快递的体积重量（kg）计算公式为：长（cm）×宽（cm）×高（cm）÷5000，如果货物体积重量大于实际重量，则按体积重量计算。

（3）时效与跟踪查询。FedEx IP 服务的派送正常时效为 2～5 个工作日（此时效为快件上网至收件人收到此快件），FedEx IE 服务的派送正常时效为 4～7 个工作日（此时效为快件上网至收件人收到此快件），最终派送时间须根据目的地海关通关速度来决定。物流追踪网址：http：//www. fedex. com/cn/

（4）优缺点

优点：适合走 21KG 以上的大件，到南美洲的价格较有竞争力；时效较快，一般 3～7 天可以到达；网站信息更新快，覆盖网络全，查询响应快。速卖通线上发货折扣非常优惠。

缺点：价格较贵；需要考虑货物体积重，收偏远附加费。

速卖通 FedEx 线上发货的折扣优惠力度大，速卖通卖家选择此商业快递时，可考虑优先选择线上发货。FedEx 速卖通线上发货有 FedEx IP 服务和 FedEx IE 服务。

2. UPS

UPS 全称 United Parcel Service，即联合包裹服务公司，于 1907 年作为一家信使公司成立于美国华盛顿西雅图，全球总部位于美国佐治亚州亚特兰大市。

大部分 UPS 的货代公司提供 UPS 旗下主打的四种快递服务，包括：

① UPS Worldwide Express Plus（全球特快加急），资费最高。

② UPS Worldwide Express（全球特快）。

③ UPS Worldwide Saver（全球速快），也就是所谓的红单。

④ UPS Worldwide Expedited（全球快捷），也就是所谓的蓝单，时效最慢，资费最低。

在 UPS 的运单上，前三种方式都用红色标记，最后一种用蓝色标记，但是通常所说的红单是指 UPS Worldwide Saver（全球速快）。

（1）体积和重量限制。UPS国际快递小型包裹一般不递送超过重量和尺寸标准的包裹，若UPS国际快递接收该类货件，将对每个包裹收取超重超长附加费378元人民币。体积和重量标准：每个包裹最大长度为270cm，每个包裹的最大尺寸：长度+周长=330cm，周长=2×（高度+宽度）；每个包裹最大重量为70kg。

（2）运费。资费标准以UPS网站http：//www. ups. com/content/cn/zh/index. jsx公布为准。

一票多件货物的总计费重量依据运单内每个包裹的实际重量和体积重量中较大者计算，并且不足0. 5kg按照0. 5kg计算，超出0. 5kg不足1kg的计1kg。每票货物的计费重量为每件包裹的计费重量之和。

（3）时效与跟踪调查。UPS派送参考时间为3~7个工作日，如遇到海关查车等不可抗拒因素，则以海关放行时间为准。

（4）优缺点

优点：速度快，一般2~4日可以送达，特别是美国、加拿大、南美、英国、日本等国家；运送范围广，可送达全球200多个国家和地区；查询网站信息更新快，遇到问题可及时解决。

缺点：运费较贵（但速卖通线上发货折扣较优惠）；有时会收偏远附加费和进口关税，增加买家负担；计体积重。

3. DHL

DHL，敦豪国际航空快递公司，是德国邮政全资子公司，总部设于布鲁塞尔，是四大国际商业快递之一。

跟中国合作的中外运敦豪国际航空快件有限公司于1986年12月1日在北京正式成立。合资双方为中国对外贸易运输集团总公司和敦豪国际航空快递公司，双方各占一半股权。

（1）体积和重量限制。大部分国家的包裹要求为：单件包裹的重量不超过70kg，单件包裹的最长边不超过1. 2m。但是部分国家要求不同，具体以DHL官方网站公布为准。

（2）运费。资费标准详见网站：http：//www. cn. dhl. com。DHL的体积重量（kg）计算公式为：长（cm）×宽（cm）×高（cm）÷5000，如果货物体积重量大于实际重量，则按体积重量计算。

（3）时效与追踪查询。DHL派送时效为3~7个工作日（不包括清关，特殊情况除外）；可以全程跟踪信息，跟踪网站：http：//www. cn. dhl. com/.

(4) 优缺点

优点：去西欧、北美有优势，适宜走小件，可送达国家网点比较多；时效快，一般2~4个工作日可送达；查询网站信息更新快，遇到问题解决速度快。

缺点：价格贵，适合发5.5kg以上或者21~100kg之间的货物；对托运货物的限制比较严格；物品描述需要填写实际品名和数量，不接受礼物或样品申报。

4. TNT

TNT集团总部设于荷兰，是四大国际商业快递之一。

(1) 体积和重量限制。单件包裹重量不能超过70kg，三条边长度分别不能超过2.40m ×1.50m×1.20m。

(2) 运费。TNT快递运费包括基本运费和燃油附加费两部分，其中燃油附加费每个月变动，以TNT网站http://www.tnt.com公布数据为准。运费要考虑体积重，体积重量（KG）计算公式为：长（cm）×宽（cm）×高（cm）÷5000。货物体积重量若大于实际重量，则按体积重量计算。

(3) 时效与追踪查询。全程时效一般在3~7个工作日；跟踪查询网址：http://www.tnt.com/express/en_ gb/site/home.html/。

(4) 优缺点

优点：速度快，通关能力强；

缺点：价格较高；算体积重，收偏远附加费。

5. TOLL

TOLL环球快递（又名拓领快递），是澳大利亚Toll Gloabal Express公司旗下的快递业务，到澳大利亚，以及泰国、越南等亚洲地区的价格较有优势。

(1) 体积和重量限制。包裹的重量限制为15kg；单件货物的任何一边长度超过1.2m，则需另外增加每票200元人民币的操作费。

(2) 运费。TOLL快递运费包括基本运费和燃油附加费两部分，其中燃油附加费每个月变动，以TOLL网站：http://tollglobalexpress.com公布数据为准。

首重、续重均为0.5kg；计体积重，体积重的计算公式：体积重（kg）=长（cm）×宽（cm）×高（cm）÷5000。货物体积重量若大于实际重量，则按体积重量计算。

(3) 时效与追踪查询。

时效：到澳大利亚、东南亚的派送时效为3~7个工作日；到美国、加拿大、欧洲为6~10个工作日；南美、中东为8~15个工作日。跟踪查询网址：http://tollglobalexpress.com.

（4）优缺点

优点：适合运往澳大利亚、东南亚一带国家的货物，运价较经济，且速卖通线上发货的折扣很优惠，可以考虑线上发货。

缺点：算体积重；收偏远附加费；到欧洲、美洲的货物时效慢，且不经济。

4.1.3 专线物流

专线物流是指针对某个指定国家的一种专线递送方式。它的特点是货物送达时间基本固定，如到欧洲英法德要5～6个工作日，到俄罗斯要15～20工作日，运输费用较传统国际快递便宜，同时保证清关便利。

速卖通平台上的专线物流，有中东专线、中俄专线和其他专线。如到俄罗斯的专线有速优宝芬兰邮政小包（Posti Finland）、中俄航空（Ruston air）、中俄快递－SPSR；到西班牙的有中外运—西邮经济小包（Correos Economy）等，这些专线的共同特点是运费比普通邮政包裹便宜，清关能力比普通邮资包裹强，运达速度快。因此，若有到目的国家的专线，可以首选物流专线。

4.1.4 海外仓储模式

当前跨境电商国际物流发展的新趋势，就是海外仓储模式。海外仓储模式是针对广大电子商务卖家的需求，为卖家提供的国外仓储、分拣、包装、派送等项目的一站式服务。卖家将货物通过空运、海运、快递方式存储到国外仓库，当买家有需求时，卖家可以第一时间做出快速响应，及时通知国外仓库进行货物的分拣、包装，并且从该国仓库运送到其他地区或者国家，提升了物流响应时间。同时，结合国外仓库当地的物流特点，可以确保货物安全、准确、及时、低成本地到达终端买家手中。

1. 运营步骤

中国卖家通过海运、空运或者快递等方式将商品集中运往的海外仓储中心进行存储，并通过物流承运商的库存管理系统下达操作指令。

步骤1：卖家自己将商品运至海外仓储中心，或者委托承运商将货发至承运商海外的仓库。这段国际货运可采取海运、空运或者快递方式到达仓库。

步骤2：卖家在线远程管理海外仓储。卖家使用物流商的物流信息系统，远程操作海外仓储的货物，并且保持实时更新。

步骤3：根据卖家指令进行货物操作。根据物流商海外仓储中心自动化操作设备，严格按照卖家指令对货物进行存储、分拣、包装、配送等操作。

步骤 4：系统信息实时更新。发货完成后系统会及时更新、以显示库存状况，让卖家实时掌握。

2. 海外仓储费用

海外仓储费用 = 头程费用 + 仓储及处理费 + 本地配送费用

（1）头程费用：货物从中国到海外仓库产生的运费。

（2）仓储及处理费：客户货物存储在海外仓库和处理当地配送时产生的费用。

（3）本地配送费用：是指在英国、美国、澳大利亚和欧洲对客户商品进行配送产生的本地快递费用。

3. 海外仓储的优缺点

优点：派送时效快，买家一下订单，卖家就指示海外仓库将货物以国内快递的速度送达买家处，给买家良好的购物体验；另外，可以降低成本，大批量货物以海运等方式运往海外仓库，可以极大地减少头程运费，降低成本。

缺点：会增加海外仓储的处理费，若销售数量控制不好，产品滞销，则海外仓的成本急剧上升，反而对经营成本不利。

4.2 跨境电子商务不同国际物流方式的比较及选择

对于跨境电子商务的卖家来说，在接到客户的订单之后，首先需要考虑的问题是选择什么物流方式运输较好。

4.2.1 跨境电子商务常见的国际物流的比较

跨境电子商务常见的国际物流的比较见表 4－4。

表 4－4 跨境电子商务常见的国际物流的比较

种类	名称	公司名	俗称	重量限制	体积限制	时效性	特点	特别备注
邮政小包	中国邮政航空小包	中国邮政	中国小包	≤2KG	长＋宽＋高≤90cm，单边长度≤60cm	15～60 天	便宜，时效慢，丢包率相对较高	比较适合前 1～5 组资费国家，运费较经济；不接受带电产品

续表

种类	名称	公司名	俗称	重量限制	体积限制	时效性	特点	特别备注
邮政小包	新加坡邮政航空小包	新加坡邮政	新加坡小包	≤2KG	长+宽+高≤90cm，单边长度≤60cm	8~40天	较贵，速度稍快，适合带电小包	价格较贵，较适合新加坡周边如柬埔寨等国家；可接受带电产品
	香港邮政航空小包	香港邮政	香港小包	≤2KG	长+宽+高≤90cm，单边长度≤60cm	8~40天	价格适中，上网快	全球价格统一，不能接受带电产品
邮政速递	国际E邮宝	中国邮政速递公司	E邮宝、epacket	≤2KG	长+宽+高≤90 cm，单边长度≤60cm	3~15天	小包，又经济又快	特别适合到美国；不接受带电产品
	全球邮政特快专递	中国邮政	EMS	小包、大包都可，具体以官方网站公布为准		3~15天	相对便宜，时效快，通关能力强	适合抛货，只算重量重
商业快递	敦豪快递	德国邮政	DHL	小包、大包都可，具体以官方网站公布为准		3~7天	贵，时效快	要计体积重、偏远附加费
	联邦快递	美国联邦快递	FedEx	小包、大包都可，具体以官方网站公布为准		3~7天	稍贵，时效快	要计体积重、偏远附加费
	联合包裹服务	美国联合包裹公司	UPS	小包、大包都可，具体以官方网站公布为准		3~7天	稍贵，时效快	要计体积重、偏远附加费
	TNT快递	荷兰TNT	TNT	小包、大包都可，具体以官方网站公布为准		3~7天	贵，时效快	要计体积重、偏远附加费
专线物流	南美专线、俄罗斯专线、中东专线、欧洲专线等	各物流公司与当地邮政合作	各物流公司与当地邮政合作	有小包和大包，具体看专线规定		5~60天，具体视物流规定	运费经济，时效较快	清关能力强

4.2.2 跨境电子商务国际物流方式的选择标准

1. 经济性

跨境电商卖家，在发货物流方式选择时，一般会首先考虑经济性问题，即运费相对便宜。从这个角度考虑，他们会选择运价便宜的中邮小包或者专线物流。由于专线物流只针对特定国家开展业务，因此，适用性不广。当前跨境电商卖家，在小包运输条件符合的情况下，首选的还是中邮小包物流方式。

2. 时效性

时效性，即运达速度快慢的问题。在运价相同的情况下，时效性问题是影响买家体验优良的重要决定因素。若货物运达速度慢于平均水平，则买家给差评、提起投诉纠纷的概率就会上升。因此，在同等运费条件下，就要选择时效快的物流方式。如邮政小包中，可以选择香港小包或者新加坡小包等，或者选择 CNE 物流的全球通小包，到英国、德国、法国的时效为3～5 天，价格比中邮小包稍贵一点。

3. 安全性

除了以上两点外，安全性的考虑也很必要。在各种物流方式中，中邮小包的丢包率最高，且一旦丢包，向邮局索赔成功概率不高。这一点，专线物流相对较好，而国际快递最好。

4.2.3 选择满意的物流方式

对于没有经验的新手来说，物流选择确实是个难题。一般卖家会按照产品的特点和对物流经济性、时效性和安全性的要求，选择合适的物流方式。

1. 根据产品特点和对物流的要求来选择

（1）产品是否大于 2kg?

若产品小于 2kg ，可供选择的国际物流包括所有国际物流，包括邮政小包、ePacket、邮政大包、专线物流、EMS、商业快递；若产品大于 2kg，则只能选择邮政大包、EMS、商业快递和某些适合 2kg 以上的专线物流。

（2）产品是否带电？

若带电，只能放弃中邮小包、E 邮宝等，选择可接受带电产品的新加坡小包等；若产品不带电，考虑经济性，则可选择中邮小包，到美国选择 E 邮宝；考虑时效性，可选择新加坡小包、香港小包，甚至 EMS、各商业快递等。

（3）是否考虑时效性第一？

若是，则不选择中邮小包，选择适合的专线物流、EMS、商业快递。

若不是，2kg 以下的货物，首选中邮小包，因为经济。

（4）是否考虑经济性第一？

若是，选择邮政小包或专线物流，到美国选择 ePacket。

例 4 某跨境电商卖家有个运动包要运到美国，该产品打包好的重量为 0.8kg，体积为 40cm×20cm×15cm，买家希望 30 天内能收到，请问选什么物流为佳？

答：若运费不打折，使用 ePacket 的运费 = 80 元/kg×0.8kg + 7 元 = 71 元，时效为 3～15 天；全程可跟踪。

若运费不打折，使用中邮挂号小包的运费 = 90.5 元/kg×0.8kg + 8 元 = 80.4，时效 30 天内，使用挂号，全程可跟踪。

结论：应选择 ePacket，到美国的 2kg 以内不带电小包裹，一般首选 ePacket。因为时效快，运价便宜，全程可跟踪。

2. 借助速卖通平台的“物流方案查询”选择

在速卖通平台的新手卖家也可借助速卖通平台的“物流方案查询”，帮助自己选择合适的物流方式。

例 5 某速卖通卖家卖了双鞋子给某柬埔寨买家，柬埔寨买家下订单时，默认选择了中邮挂号小包，一般这种情况，卖家发货一般会选择中邮小包。由于是第一次发货到柬埔寨，该卖家在发货前，用了速卖通平台的“物流方案查询”一下，看是否有更合适的物流，查询结果给了他惊喜。

具体操作：在速卖通卖家后台管理，点“交易”页面，选择“物流方案查询”进入，输入相应的产品体积、重量信息和运往国家信息，平台可计算出出所有线上物流方式的运费。

（1）设置物流信息，如图 4－1 所示

（2）设置包裹信息，如图 4－2 所示。

（3）试算运费，如图 4－3 所示

（4）得出方案：到柬埔寨，选择“新加坡小包”比较好。

该卖家最后与买家沟通，选择了“新加坡小包”发货。卖家因此少付了 7 元的运费，而产品也很快到了买家手里，12 天送达，买家很满意，第二次买的时候，指明要“新加坡小包”发货。选择合适的物流，双方双赢。

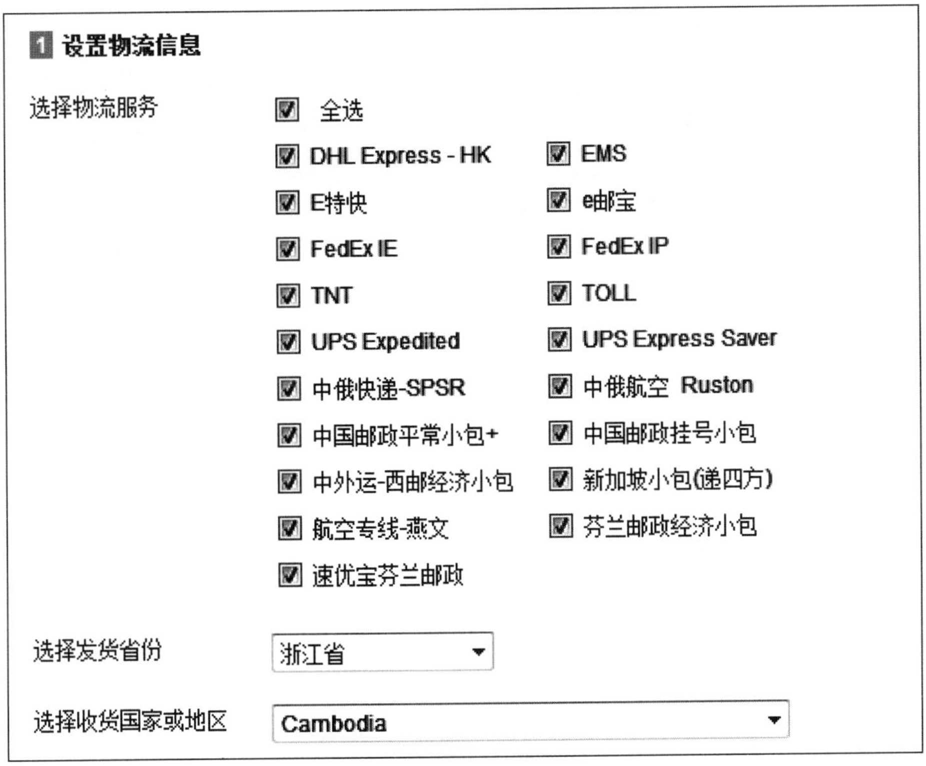

1 设置物流信息

选择物流服务

- ☑ 全选
- ☑ DHL Express - HK　☑ EMS
- ☑ E特快　☑ e邮宝
- ☑ FedEx IE　☑ FedEx IP
- ☑ TNT　☑ TOLL
- ☑ UPS Expedited　☑ UPS Express Saver
- ☑ 中俄快递-SPSR　☑ 中俄航空 Ruston
- ☑ 中国邮政平常小包+　☑ 中国邮政挂号小包
- ☑ 中外运-西邮经济小包　☑ 新加坡小包(递四方)
- ☑ 航空专线-燕文　☑ 芬兰邮政经济小包
- ☑ 速优宝芬兰邮政

选择发货省份　浙江省

选择收货国家或地区　Cambodia

图 4－1

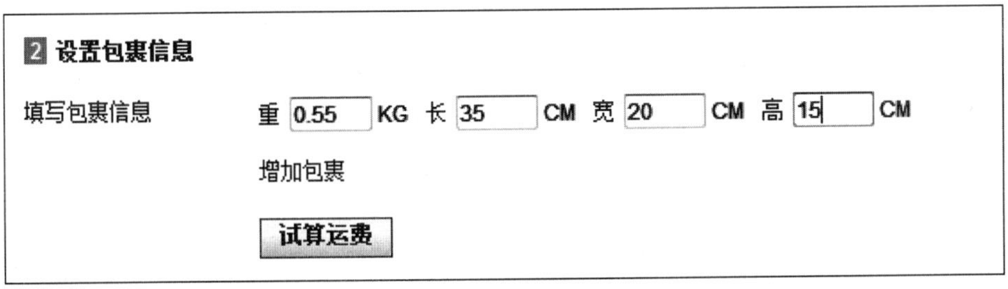

2 设置包裹信息

填写包裹信息　重 0.55 KG　长 35 CM　宽 20 CM　高 15 CM

增加包裹

试算运费

图 4－2

方案查询结果

服务名称	参考运输时效	交货地点	试算运费	标准运费折扣
新加坡小包(递四方)	15-60天	交货到广州仓	CN¥ 64.25(含挂号费)	合约价
中国邮政挂号小包	15-60天	交货到中邮北京仓	CN¥ 70.70(含挂号费)	约标准运价9.5折
EMS	4-10天	交货到邮政速递仓库	CN¥ 93.00	约标准运价4.0折
DHL Express - HK	3-7天	交货到深圳仓库	CN¥ 126.12	约标准运价3.5折
UPS Expedited	3-7天	交货到上海仓库	CN¥ 207.57	约标准运价2.4折
FedEx IE	3-7天	交货到上海仓库	CN¥ 277.58	约标准运价4.6折
TNT	3-7天	交货到上海仓库	CN¥ 698.52	约标准运价4.9折

图 4－3

3. 借助好的货代选择物流方式

不管怎样，一个好的货代对跨境电商卖家不可或缺。做跨境电商的卖家必须有多个物流代理商，一方面可以获知许多物流信息，另一方面也可以借助它们丰富的物流知识和资源判断，选择合适的物流方式（又快又经济又安全）。

例6 某跨境电商卖家收到一个来自赞比亚客户的订单，产品的包裹信息为0.55kg，体积为25cm×20cm×10cm。订单中买家选择了中邮小包，并支付了超额的运费（到赞比亚的运区是第10组资费区，单价为176元/kg）。卖家如果继续按中邮小包发，由于额外收了一些运费，价格不会亏，但还是担心一个问题：这样的地方，中邮小包是否能在60天里将包裹送达买方处？如果不行的话，势必会遭到投诉。于是他找了上海CNE货代，看是否有更好的物流方式，结果发现CNE的全球通挂号小包对此笔订单发货很有利。CNE的全球通挂号小包到赞比亚，属于第六区，运价为98元/kg，挂号费为17.50元/单，时效为20个工作日。于是该跨境电商卖家立马选择了CNE的全球通挂号小包，并及时与买家进行了沟通，顺利发货，买家也在25天左右时间收到了该笔货物，并给了好评。

分析：这笔交易选择CNE的全球通挂号小包有两个好处：

（1）运费节省：原中邮小包运费=176元/kg×0.55kg+8元=104.8元

全球通挂号小包运费=98元/kg×0.55kg+17.50元=71.4元

节省运费104.8元-71.4元=33.4元

（2）时效有保障：20个工作日

因此，若产品重量不是很轻，运往国家属于中邮小包资费区第10组的国家，建议卖家都找CNE发全球通挂号小包。

4.3 运费模板设置

由于Wish、敦煌网、亚马逊、ebay等平台，不涉及运费模板的设置或者相对简单，因此，本节的运费模板设置是为速卖通卖家而写。

1. 认识新手运费模板

卖家在速卖通平台发布产品之前，需要设置好产品运费模板。如果未自定义模板，则只有选择“新手运费模板”才能进行发布。

首先，来了解一下新手运费模板，在后台显示的“shipping Cost Template for New Sellers”，点击模板名称，如图4-4所示。

新增运费模板　　了解物流方式缩写展开

发货地	运费组合预览	操作
模板名称: Shipping Cost Template for New Sellers		
China (Mainland)	自定义运费: EMS, CPAM 标准运费: RUSSIAN AIR , ePacket	编 辑

图 4－4

点击模板名称后可以看到“运费组合”和“运达时间”组合，如图 4－5～图 4－7 所示。

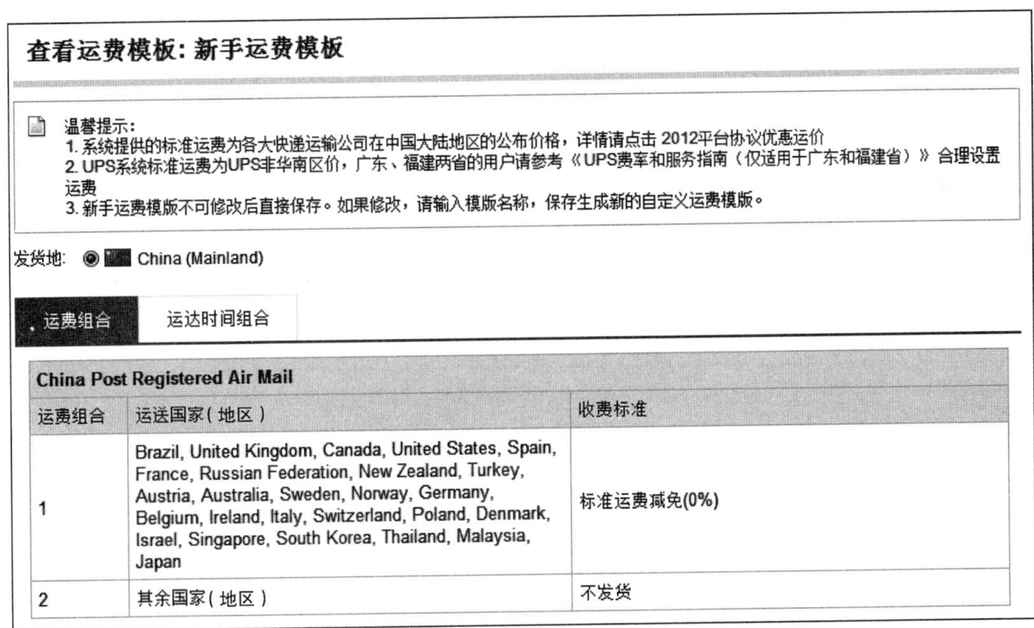

查看运费模板: 新手运费模板

温馨提示:
1. 系统提供的标准运费为各大快递运输公司在中国大陆地区的公布价格，详情请点击 2012平台协议优惠运价
2. UPS系统标准运费为UPS非华南区价，广东、福建两省的用户请参考《UPS费率和服务指南（仅适用于广东和福建省）》合理设置运费
3. 新手运费模版不可修改后直接保存。如果修改，请输入模版名称，保存生成新的自定义运费模版。

发货地: China (Mainland)

运费组合　运达时间组合

China Post Registered Air Mail		
运费组合	运送国家(地区)	收费标准
1	Brazil, United Kingdom, Canada, United States, Spain, France, Russian Federation, New Zealand, Turkey, Austria, Australia, Sweden, Norway, Germany, Belgium, Ireland, Italy, Switzerland, Poland, Denmark, Israel, Singapore, South Korea, Thailand, Malaysia, Japan	标准运费减免(0%)
2	其余国家(地区)	不发货

图 4－5

在运费组合下，平台默认的新手模板只包含了“China Post Registered Air Mail”“Russian Air”，“EMS”，“ePacket”，系统提供的标准运费为各大物流公司在中国大陆地区的公布价格，对应的折扣减免折扣率为目前平台与各物流公司谈好的合作优惠折扣。而平台显示的其余国家不发货包含两重意思，一是部分国家不通邮或邮路不够理想，二是部分国家有更好的物流方式可选。

2. 新建运费模板

对大部分卖家而言，新手模板并不能满足需求。在这种情况下，就需要进行运费模板的自定义设置，设置入口有两个：一是直接点击“新增运费模板”按钮，二是点

Russian Air		
运费组合	运送国家（地区）	收费标准
1	所有国家（地区）	标准运费减免(0%)

EMS		
运费组合	运送国家（地区）	收费标准
1	Hong Kong, Macau	标准运费减免(37%)
2	Japan	标准运费减免(58%)
3	North Korea, South Korea	标准运费减免(54%)
4	Malaysia, Singapore, Thailand, Indonesia, Cambodia, Mongolia, Philippines, Vietnam	标准运费减免(55%)
5	Australia, New Zealand, Papua New Guinea	标准运费减免(51%)
6	United States	标准运费减免(60%)
7	Hungary, Ukraine, Mexico, Peru, Poland, Panama, Colombia, Argentina, Israel, Czech Republic, Guyana, Belarus, Spain, Canada, Austria, France, Belgium, Denmark, Finland, Germany, Greece, Ireland, Italy, Malta, Norway, Portugal, Sweden, Switzerland, United Kingdom	标准运费减免(57%)
8	Russian Federation	标准运费减免(61%)
9	Turkey, Bangladesh, Lao People's Democratic Republic, Sri Lanka, Nepal, Pakistan	标准运费减免(53%)

图 4－6

ePacket		
运费组合	运送国家（地区）	收费标准
1	United States	标准运费减免(0%)

编辑

图 4－7

击“新手运费模板”的“编辑”按钮。如图 4－8 所示。

新增运费模板　　了解物流方式缩写展开

发货地	运费组合预览	操作
模板名称：Shipping Cost Template for New Sellers		
China (Mainland)	自定义运费：EMS, CPAM 标准运费：RUSSIAN AIR , ePacket	编辑

图 4－8

第一，建立新模板，输入运费模板名称（自己命名，方便辨认），点击保存，如图

4－9 所示。

图 4－9

在运费模板页面，点击刚刚建立的运费模板 A shipping ，进入编辑，主要进行以下操作：一是选择要用的物流方式，二是设置优惠折扣，三是个性化地选择寄达国家（地区），四是个性化地设置承诺的运达时间，如图 4－10、图 4－11 所示。

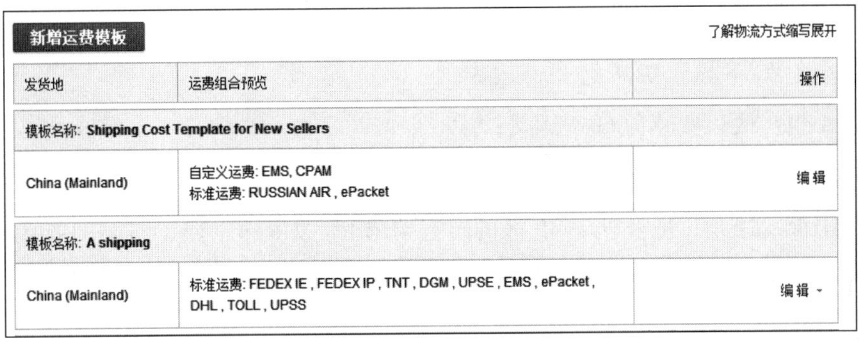

图 4－10

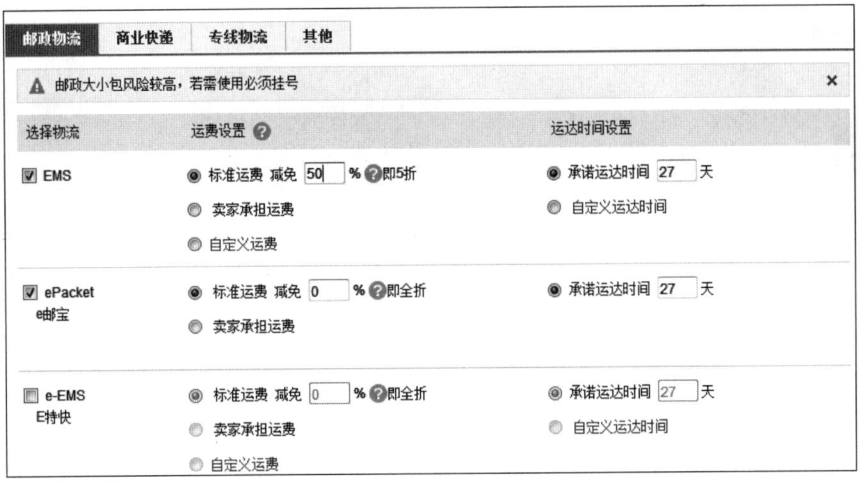

图 4－11

第二，编辑新模板。

下面以中邮挂号小包的设置为例进行操作说明。

首先钩选物流方式“China Post Registered Air Mail”，如图 4－12 所示。

China Post Registered Air Mail 中国邮政挂号小包 ◎标准运费 ◎卖家承担运费 ◉自定义运费 ◎承诺运达时间 天 ◉自定义运达时间

图 4－12

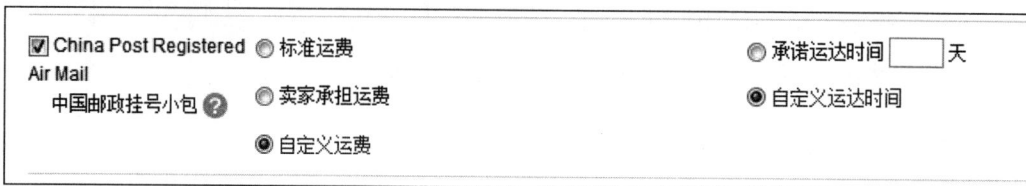

由于货物发往不同国家（地区）运费差价很大，在速卖通中，许多卖家对许多地区都设置为卖家包邮，但如果全部地区包邮那就亏了，不包邮又不容易卖出去。因此，这里一般不会选“卖家承担运费”，也不会选“标准运费”，而选择“自定义运费”。

自定义运费的大致原则（供参考）如下：

中邮小包 1－5 区包邮；

中邮小包 6－8 区运费减免 75% 运费；

中邮小包 9 区运费减免 60% 运费；

中邮小包 10 区运费减免 50% 运费；

按照上面的原则，把亚洲 1－5 区的国家钩选上，如图 4－13、图 4－14 所示。

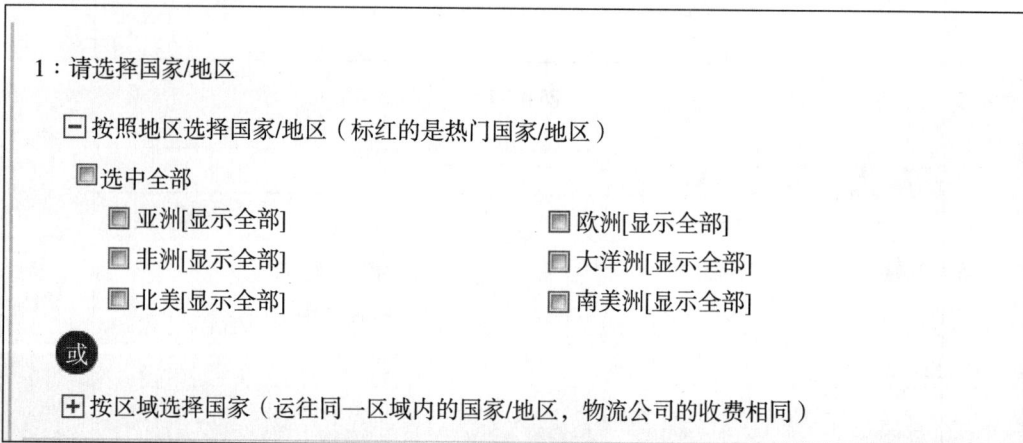

1：请选择国家/地区

⊟按照地区选择国家/地区（标红的是热门国家/地区）

□选中全部

□亚洲[显示全部] □欧洲[显示全部]

□非洲[显示全部] □大洋洲[显示全部]

□北美[显示全部] □南美洲[显示全部]

⊞按区域选择国家（运往同一区域内的国家/地区，物流公司的收费相同）

图 4－13

欧洲、大洋洲、南美洲中属于资费组 1－5 区的国家（地区）也要钩选，注意国家众多，不要钩错。若把第 6 区及后面的国家（地区）也钩进来，则后面订单生成，就会产生不必要的运费支出。

按照地区选择国家（标红的是热门国家/地区）

选中全部

亚洲[收起]

- United Arab Emirates阿拉伯联合酋长国
- Cyprus赛浦路斯
- Georgia格鲁吉亚
- Indonesia印度尼西亚
- Israel以色列
- India印度
- Japan日本
- South Korea韩国
- Kazaystan哈萨克斯坦
- Malaysia马来西亚
- Philippines菲律宾
- Saudi Arabia沙特阿拉伯
- Singapore新加坡
- Thailand泰国
- Turkey土耳其

欧洲[显示全部]

大洋洲[显示全部]

南美洲[显示全部]

图 4－14

钩好上述中邮小包运价表 1－5 组的国家后，设置这组的运费类型为卖家承担运费，确认添加。如图 4－15 所示。

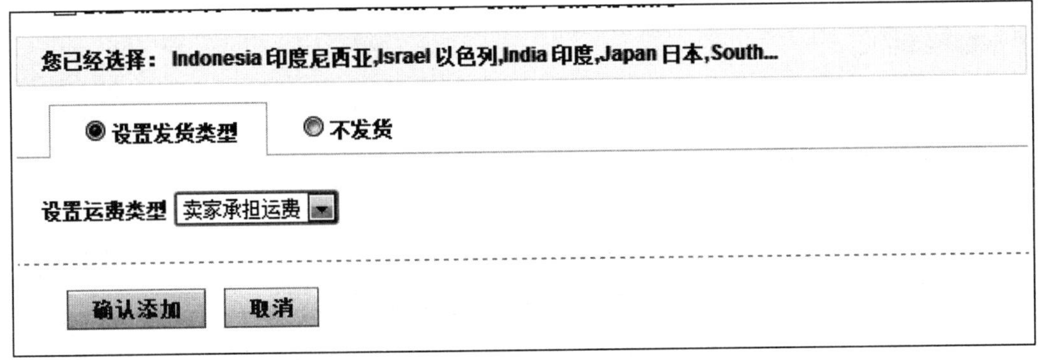

图 4－15

添加一个运费组合，把中邮小包 6－8 区的国家（地区）选出来，然后运费类型设置为按标准运费减免 75% 运费，如图 4－16、图 4－17 所示。

后面依此把第中邮小包 9 区地区运费设置为按标准运费减免 60%；中邮小包 10 区运费按标准运费减免 50%；如图 4－18 所示。

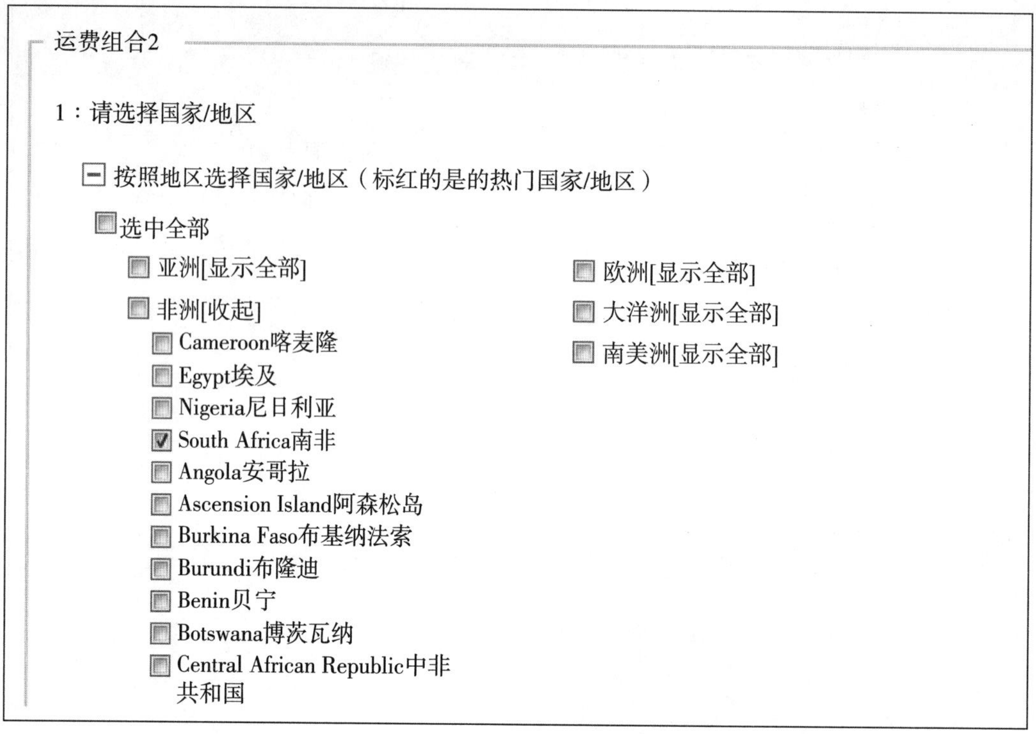

运费组合2

1：请选择国家/地区

按照地区选择国家/地区（标红的是的热门国家/地区）

选中全部

亚洲[显示全部]

非洲[收起]

Cameroon喀麦隆

Egypt埃及

Nigeria尼日利亚

South Africa南非

Angola安哥拉

Ascension Island阿森松岛

Burkina Faso布基纳法索

Burundi布隆迪

Benin贝宁

Botswana博茨瓦纳

Central African Republic中非共和国

欧洲[显示全部]

大洋洲[显示全部]

南美洲[显示全部]

图 4－16

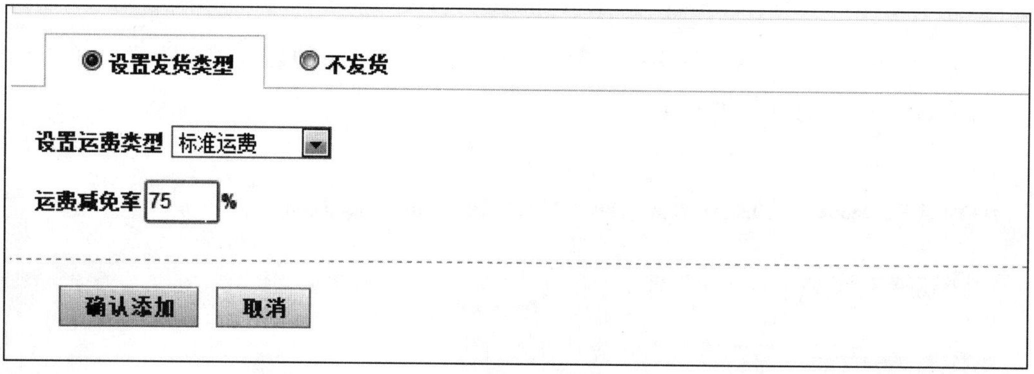

设置发货类型　不发货

设置运费类型 标准运费

运费减免率 75 %

确认添加　取消

图 4－17

第三，最后点击保存，中邮小包的运费模板设置完毕。这样所有的国家或地区买家都能按照距离远近，支付相应的运费，比较公平，提高店铺产品的购买率。

设置完中邮小包外，另外还需设置 ePacket、EMS、商业快递和各专线物流，如图 4－19所示。

由于速卖通线上的 ePacket 业务只对美国客户开放，且其运价比中邮小包（中邮小包资费组，美国属于第 5 组）便宜，因此这里可以设置为卖家承担运费。

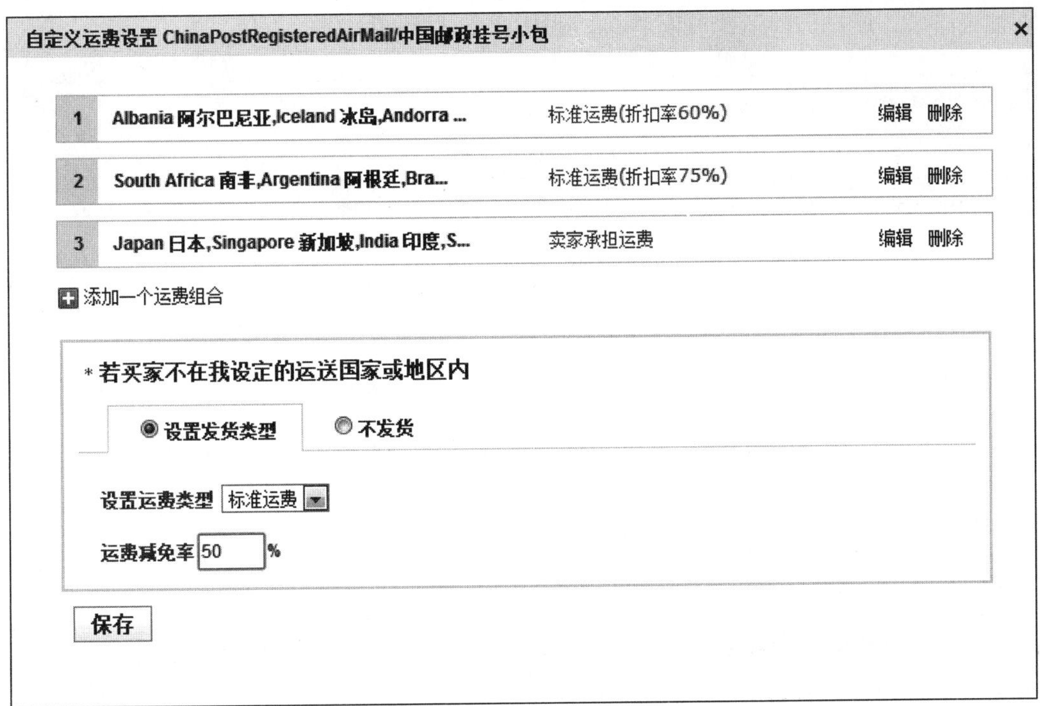

图 4－18

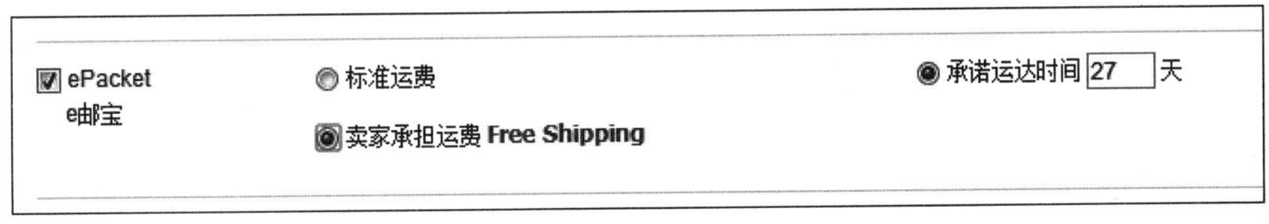

图 4－19

其他的 EMS 、商业快递可按线上优惠折扣率进行设置，具体可看“新手运费模板”；专线物流中到俄罗斯的几条专线要选，因为比中邮小包便宜，且时效快，且设置为卖家包邮较好。

千万别忘了点击运费模板设置最下面的“保存”按钮，如图 4－20 所示，否则前面的内容设置前功尽弃。

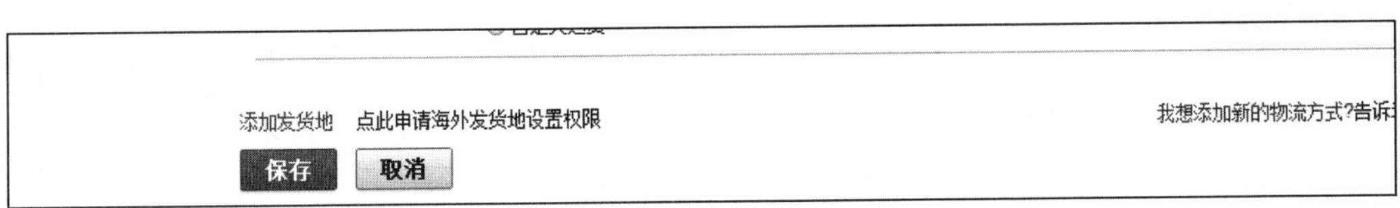

图 4－20

后面使用过程中，若发现此模板有不满意的地方，还可以进行修改，但注意产品

在促销阶段，所选择的运费模板是不能编辑的。(见图4－21)

模板名称: A shipping		
China (Mainland)	自定义运费: CPAM 卖家承担运费: Other, SINOTRANS_PY, ePacket, RUSSIAN AIR, ITELLA 标准运费: FEDEX IE(70% 减免), FEDEX IP(70% 减免), SPSR(80% 减免), UPSE(70% 减免), EMS(50% 减免), DHL(70% 减免), UPSS(70% 减免), SPSR(80% 减免), TNT(50% 减免), DGM, TOLL(70% 减免)	设为默认 | 编辑

图4－21

在实际使用过程中，卖家会设不止一个运费模板。对应不同的产品、不同的重量、不同的产品类型、不同的物流组合，还要考虑到买家如果购买两个以上的产品等情况，卖家一般会设置多个运费模板使用。在使用过程中，不断吸取经验，不断完善。另外，不同的时期，由于国家政策、邮路状况、物流资费调整等原因，运费模板也应该相应调整。

总之，运费模板设置比较复杂，卖家必须按照自身的实际情况进行自定义运费的设置，切忌盲目模仿。

第 5 章　选品与产品价格核算

学习目标

通过本章的学习，学生应了解到要想做好跨境电商，把自己的优势产品销售出去，就必须掌握相应的选择产品、选择市场、选择目标客户的能力，学会用数据说话，用勤劳做基础，分析产品、分析市场、确定目标客户并牢牢抓住客户，以维持长久而稳定的客源，增加收益。

重点难点

本章重点难点是了解分析数据、选择市场、选择产品。

5.1　跨境电子商务产品的选择

2013 年，对于跨境电子商务零售业来说，是个重要的时间节点。因为在这一年，传统外贸行业增长乏力的现象在这一年显得尤为突出，作为世界的制造中心，中国还是在很多方面具有很强的竞争力，而且国家经济还是要大力继续往前发展，人民的生活水平还要进一步改善。在这样的大背景下，国家通过各种渠道为国内出口企业开拓新的发展之路，不断出台各种有力的政策法规鼓励并推崇跨境电子商务，比如说，2013 年 8 月 29 日，国务院办公厅转发了商务部等 9 个部委《关于实施支持跨境电子商务零售出口有关政策的意见》，自 2013 年 10 月 1 日起在已经开展电子商务通关服务试点的上海、重庆、杭州、宁波、郑州等 5 个城市展开新政策试点，2013 年 9 月，广州获批亦成为跨境电子商务试点城市。

国内企业和个人面对如此机遇，如何把握住这些政策优势，抓住商机，乘机扩大经济规模和增加个人收入，就成了摆在我们面前的一个首要问题。要想把自己的产品快速而高回报地销售出去，关键问题就是选择符合国外客户需求的产品。作为个人和小团队，在没有去过国外，或者对国外客户的需求、爱好等不了解的情况下，如何去选择跨境零售的产品呢？我们的产品适合哪个目标市场？哪个目标人群？哪个年龄阶段的目标人群？

随着这些问题的出现，我们在考虑选择哪种产品进行销售的前提下，必须考虑对目标客户、目标市场进行必要的数据分析。我们的数据分为外部数据和内部数据。外部数据是指企业以外的其他渠道比如行业市场、类似产品公司销售情况、市场反馈等。内部数据是指企业内部根据企业经营发展需要和发展目标，在经营过程中产生的数据信息。只有这样知己知彼，才能做出科学、正确而有效的决策，选出有针对性的产品进行销售。

下面我们就先对内外部数据进行充分的调研和分析。

5.1.1 外部数据分析

1. 分析思路

通过分析各种搜索引擎或网络销售平台的数据，从不同的角度和视角，综合运用各个分析工具，全面掌握选择适合该市场、该目标客户的数据依据。

2. 数据来源

（1）直接去国外进行实地调研。看看他们当地的客户在主要的采购场地购买哪些产品，价位如何，购买频率如何等，然后拿来跟国内相关产品进行比较分析。这种方法切实可行，获得数据较真实、直接，但是成本较高，耗时长，不是一般的跨境电商可以做到的。

（2）跟国外客户进行交流。多结交不同层次的国外人士，多跟他们交流，看看他们平时在线上、线下买些什么，价格怎么样等情况，得到数据后同样与国内相关产品进行比较分析。

（3）浏览国外相关零售网站。看看他们哪些产品销售情况更好，受到哪些人群光顾多等。

（4）浏览国外品牌产品旗舰店。看看国外有关品牌产品的销售情况，为我们的品牌和特色产品定位寻找数据。

（5）平时生活的积累。想要开展跨境电商工作，就必须了解外国人的生活习性、兴趣、爱好。想要了解这些信息，最基本最直接的办法就是看该国电影、电视等，或许这些电影正在引领该国消费潮流。

（6）各种平台的数据分析。从这些数据平台上，我们可以看到该国客户主要搜索产品所属行业、国家、时间等，通过这些数据反过来可以看到他们的需求。

3. 分析方法

（1）通过 Google Trends 工具分析品类的周期性特点，把握产品开发先机。

（2）借助 Keyword Spy 工具发现品类搜索热度和品类关键词，同时借助 Alexa 工具，选择出至少 3 家该品类中以该市场作为主要目标市场的竞争对手网站，作为对目标市场产品品相分析和选择的参考。

（3）通过 excel 软件中的 VLOOKUP 功能来进行分析等。

■ Google Trends　（类似于国内的百度指数）

工具地址：http：//www. google. com/trends.

查询条件：行业或产品关键词、国家、时间

举例：以关键词泳装 Swimwear 为例，选择国家分别为美国和澳大利亚。搜索结果显示：在北半球的美国，5～7 月为泳装搜索的高峰期，而在南半球的澳大利亚，9～1 月为泳装高峰期。因此，对于美国市场的产品开发，我们要在 3～4 月就要完成；而对于澳大利亚市场的产品开发，则需要在 8～9 月内完成。如果不知道目标市场品类热度的周期规律，则肯定会错过在这个目标市场开展工作高峰。

再如：要想抓住中国有关礼物在国外 Christmas 圣诞节的销售高峰时期。我们就要掌握圣诞礼物在世界范围内的关注热度和时间分配情况，在全球范围内：圣诞节在一年之中只有一次最热的宣传点和销售时期：在每年 9 月份市场关注度逐渐提升，这就要求我们在这之前就做好各方面准备，等到 10 月、11 月高速增长，到 12 月月底进入最高峰的时候，我们的产品能迅速打开市场，避免之后产品销售情况迅速跌至低谷的局面。如果能提前准备产品和相关的推广活动，则能从产品的整个热度周期占领市场，我们就能取得全面的胜利，否则只能在别人正准备撤出圣诞节的销售旺季，捡别人的残根剩饭，浪费资源，积压资金。

通过这个案例，我们可以看出，任何一个产品都会有它独有的宣传时机，要想抓住商机，就必须在时间上抢占先机。在获得了各国品类开发的时间规律后，我们开始通过工具寻找我们的竞争对手经常使用的宣传网站以及国外客户喜欢通过哪种网站浏览中国商品。特别是那些国际化程度比较高的网站平台，只有站在他们的高度，我们才能更快、更多、更好地获得相关资讯，在速度上再次抢占先机。

■ Keyword Spy

工具地址：http：//www. keywordspy. com/.

查询条件：关键词、站点、国家

举例：以 swimwear 为例，选择美国为分析市场，查询条件选择 Keywords。搜索结果表明：在美国市场，Swimwear 月搜索量达到约 274 万次，市场热度较高。搜索量最大的几个关键词是泳装的主关键词，如 Swimwear，Swim wear，Swimsuit，Bathing Suit 等，当然还有有关颜色、尺寸、材料、款式等关键词，而这些关键词一般是用来作为长尾关键词。这些关键词用于产品搜索、产品信息加工中的命名及描述中，会大大提升 SEO 的优化水平。

同时搜索结果页面也会显示 Swimwear 这个关键词所对应的主要竞争对手网站的站点列表，特别是一些做得比较早、比较成功的竞争对手。我们可以对其中重点关注原始关键词较多的网站进行了解，反向确定我们的关键词和热销产品。以通过 keyword spy 发现的某个竞争对手网站为例，利用 Alexa 工具进行对该网站进行进一步分析，以确定是否可以将他们的作品，作为我们选择有自己特色产品进行宣传的参考网站，缩短我们摸索的过程。

■ Alexa

工具地址：http：//alexa. chinaz. com/.

举例：以 www. landsend. com 为例。通过查询，我们在查询结果页面可以看到 landsend. com 这个网站的日均 ip 流量（代表网站的整体知名度）及该网站在各个地区的排名情况（代表网站在各个地区的知名度）。

仔细分析搜索结果，我们可以得出结论：这个网站的设计是以美国为主要目标市场，以北美为基础的推销我国产品的综合性宣传平台，且在美国有较高知名度。结合 Keyword Spy 工具的分析，我们可以确定：要想打开美国或北美市场，特别是泳装市场，此站完全可以用于研究适合美国市场的泳装产品的消费人群、消费能力、品相及价格定位的一个窗口，作为我们在美国乃至北美市场的泳装类别的参考网站。

■ 借助 excel 表格中 VLOOKUP 的功能分析

VLOOKUP 函数是 excel 等电子表格中的横向查找函数，它与 LOOKUP 函数和 HLOOKUP 属于同一类函数，VLOOKUP 是按行查找，而 HLOOKUP 是按列查找。关于该数据分析，请详见该函数的详细运用，在此不做详解。通过这种方式的分析，我们可以得到你想得到的所有数据比较，为你的选品提供直接的数据说明。

5.1.2 内部数据分析

1. 分析思路

内部数据是已上架的产品产生的销售信息，是我们作为选品成功与否的验证，也可用于以后选品方向的指导。

2. 数据来源

(1) 同类产品在平台上的销售情况。

(2) 国外客户在中国各大平台及利用搜索引擎的搜索情况。

(3) 你所能获得货源并能掌控货源质量的情况。

(4) 你对货源各个方面的了解。

(5) 该货源在市场上的销售情况及国外市场的需求情况。

(6) 该货源关联产品的销售情况。

(7) 哪些客户购买了该类型产品。

3. 分析方法

(1) 各平台或搜索引擎上该产品被搜索的情况,通过对搜索词、热搜索词、飙升词等的分析,找出该产品该国客户搜寻的相关信息:国家、时间、产品类别、成交记录、购买排名等情况。

(2) 产品生产流程中的信息,涉及产品各方面特征,比如大小、材料等。

(3) 该货源关联产品被搜索的情况:国家、时间和关联产品。

4. 分析工具

GA 工具地址:http://www.google.com/analytics/.

通过 GA 分析工具,获得对已上架产品的销售信息(流量、转化率、跳出率、曝光率、客单价等),分析哪些产品销售好,整体动销率如何……从选品成功和失败的产品中逐步积累选品经验,结合外部数据,一步步成为选品高手。

利用关键词和品相,确定产品主体和供应商,以最终的产品满足和引导客户需求,同时实现个人价值和企业价值。

5.2 选品的考量及注意事项

从内部和外部数据分析结果可以看出,要想选择一个能做得出来的产品,可以从货源、市场、热门类别和关联产品四个方面来选择。

1. 从货源角度选择

涉及货源的角度主要有两个方面:价格和对货源质量的把控情况。

(1) 从价格角度考虑

产品价格从来都是买卖双方首要考虑的问题,对于跨境电商产品的价格,由于要考虑到各种税费，总体单品价格适宜选在50～500美元之间。首先，跨国交易需要考虑到国际运费，如果商品单价太低，运费却比产品价格要高出很多，那么买家在选择是否购买的时候，就会犹豫不决，在其他产品的诱惑下，很容易下单给其他商家。从另外一方面来说，产品单价过低，自己的利润就不会太高，好不容易做成一单，赚的比快递还少，心里肯定不舒服，进而打消继续经营的决心。甚至由于产品价格低，利润薄，也很容易引起其他竞争者跟风，把整个市场都做乱。

此外，如果产品单价过高，比如一些奢侈品、贵重物品，客户在选择是否购买时，会形成与实体店的一种潜在比较，再考虑到购买者总体经济状况，就很难形成信任关系，快速形成订购。

产品的售价需要有足够的利润，只有足够的利润空间才能支撑我们把这个事情做好，做得更好。而我们确定的这个售价区间的产品在利润上有足够的空间。

（2）从对货源质量的把控情况考虑

销售的本质就是以产品的质量换利益，如果你对销售的产品质量难以把控，不知道你发给顾客的产品质量怎么样，那又怎么能做好销售？特别是对于跨境电商来说，做的完全是信誉。你今天卖给他的是假冒产品或产品质量不合格，或者不像你所描述的那样，你必然失去更多的客户，甚至平台会封了你的网店，让你没办法再继续下去。这样一来，只能是两败俱伤。所以，我们选好产品，还要能控制产品的质量，使得我们的销售能良性循环，越做越大，越做越好。

2. 从市场角度选择

从市场的角度选择产品，就需要综合考虑国内市场和国外市场由于地域文化的差异、消费习惯的不同、主流推广平台的不同等因素在产品消费方面引导的发展趋势。接下来做好需求调查，在充分了解市场需求的前提下，做好市场细分。市场细分可以从地域、年龄、消费能力、消费倾向性、消费品位等方面来做，综合考虑选择哪种产品。

在决定选择一样产品进行推销的之前，我们自己一定要对这个产品要有所了解，从它的性能、价格、市场需求情况到国外对这个产品的需求、价格、市场供应情况等，都要有所了解。当然，兴趣是一切好结果的根本，刚开始的时候一定要选择一个自己感兴趣的产品和类别。只有自己有兴趣，并且能理解产品，才能更好地去深入了解这个产品特性和产品的市场。只有对产品和市场有一个敏锐的洞察力，才能比较好地去把握买家的心理需求。

在选择好产品以后，就需要对这个产品适合的市场进行研究。首先，我们要从国内市场考察，因为跨境电商跟国内的淘宝和其他电商一样，都要考察文化、地理、消费习惯等问题，就这些方面来说，基本上跟国内的文化没有本质性的差异。随着国际交往方式的增多，消费者的消费习惯也容易研究。剩下的就只要考虑增加产品和网站的曝光量，有流量，就会有订单产生。当然，我们在研究国内其他电商的时候，一样要研究消费者的消费习惯和产品特性以及目标客户人群各方面的特征。我们在此特别强调这个问题，实质上是强调，相对于国外，在国内这些问题相对来说比较容易了解和研究，毕竟我们生活在同一个国度，能接触得到他们，感受到他们的需求，甚至可以实地去考察和感受。而对于外国人，由于地理和文化的差异，很多刚开始做跨境电商的人不一定就了解他们，甚至当我们感知到他们的消费习惯的时候，他们的很多消费习惯会让我们咋舌，难以相信。有时候，在国内有很多人喜欢追捧的东西，热卖得不得了，在国外却没有人理睬，然而你觉得很犄角旮旯很冷门的商品却成为他们的爆款。更何况，全世界有那么多的国家，每个国家都有着不同的地域文化、风俗习惯、文化背景等，你的产品到底适合哪个国家、哪个地区、哪个年龄阶段的消费者等，这些问题都需要下功夫来从各个不同的方面做深入细致的研究。

此外，不同的产品，不同的市场，不同的消费对象，在选择推广平台的时候，也需要我们根据具体产品和消费对象的不同来确定。比如，eBay 平台比较适合做一些欧美、澳洲、英国等发达国家，它的优势在于它拥有一些比较有特色的产品，产品质量要求相对较高，但是拼价格就不占优势，这一点除了生产型工厂之外。而速卖通则比较适合做发展中国家、欠发达国家，比如巴西、俄罗斯等市场，它的优势就是可以利用价格优势攻克更多客户，同时速卖通还有一个优势就是即使是单一品类，它的供应链也是非常齐全的。对卖家要求最高的要算 amazon，它对产品质量要求极高，有集中优势品牌做最好平台的意思，但也可以做出不菲的利润，所以想做 amazon，就必须有品牌意识，以高质量的产品建立品牌，以品牌换取利润。

当然，所有这些考虑因素，都可以直接或间接获得。不管是通过哪种方式获得，我们都要仔细深入分析，特别是在不能去国外实地考察的情况下，一定要关注客户和市场的反应情况，做好记录，总结经验教训。更为有效而且说明问题实质的方式还是要经常留意和分析市场和平台上的数据。根据数据来源分析问题实质，特别是在做得好与不好的过程中，要经常关注他们的变化，及时根据客户、市场的回应做出相应的应对措施，使我们的销售工作能做到经久不衰，越来越好。

3. 从热门类别角度选择

首先，我们选择的是产品大的类别。在这个时候，需要综合考虑选择那些“小、便、轻”的产品，因为只有这些产品才能与我们从价格方面考虑的产品进行结合。另外，我们还要考虑到国内国际快递的运费价格。我们知道，快递公司在收取运费的时候，会考虑到重量和体积的关系，选择对他们有利的一方面收取运费，体积太大而重量轻的产品，会产生抛货重量，因而产生抛货价格，最终抬高运费，促使总价更高。这样一来，我们的产品在价格方面的优势就没有了。此外，产品还要方便运输，总的原则是以不易在运输中损坏为宜。不然，因为运输导致产品质量损坏，从而使客户退换货会是个很头疼的问题，而且极易产生交易纠纷。一方面需要投入大量的人力和物力去解决，另一方面跨国的运费跟国内运费也有很大区别，一来一回很可能使得在运费方面的损失增多，从而降低总体利润。

其次是海关通关和清关问题。有些产品是不能过海关或者国际快递是不接受的，除了国家法律禁止的物品外，比如液体、粉末状物品、药品（需要专门的快递）、易燃易爆品等都是不能快递的。另外，还需要搞清楚哪些国家是不接受哪些产品进口的（比如，澳大利亚不接受化妆品、珠宝等物品的清关）。这个详细的情况，可以根据自己的产品咨询相关的物流公司，也可咨询同行业资深人士。

再次，选择一些生命周期比较短的产品。这样的产品容易引起重复购买，甚至引起消费者一种惯性消费，一说到什么产品，自然而然地就想到某某店。这样一来，也很顺利地形成了品牌，从而更有利于该产品消费信息的传播和留住老客户。从外贸进出口统计数据来看，外贸一直比较热门的几个大类主要有食品、服装（婚纱，最近比较热卖的一类产品）、3C 电子及周边、假发、电子烟、汽车配件、家居、饰品、健康美容瘦身产品等。这几个都是比较热门的产品类别，与此同时竞争也是比较激烈的。越是在这种环境下，就越需要你自己用独到的眼光去细挑独特的产品。这些产品最好既能凸显张扬自我个性的，如个性饰品、特色箱包、定制礼服等，又能抢占较多人群市场，最好能形成一种消费潮流，长期、快速、稳定地抢占市场。

总的来说，挑选产品对于新手来说确实是比较艰难的事情。市场上那么多的产品，哪个会好卖，哪个不好卖，我们并不清楚。有时候，看到别人卖得比较好的产品自己并不一定卖得好。所以在选择自己喜欢的类别的产品以后，我们可以做一个比较笨的删选法：就是刚开始的时候，大量的铺货，而且隔一段时间就换一轮产品，销售一两个星期后，再来看数据，分析数据，撤换掉数据差的产品。通过这种优胜劣汰、大浪淘沙的方式，我相信最终挑选出来的一定是一些好卖的产品，然后再去坚守它，丰富它的类别。

5.3　商品价格核算

产品选好之后，我们要做的第一件事就是进入到不同的平台，去看看同类卖家他们的价格情况。很明显，我们所看到的价格绝对是五花八门，高的高得吓人，低的低得难以想象。那么，怎样定价才能保证我们有合理的利润呢？

首先，我们要根除三大定价误区：

1. 产品价格越便宜销量就越大

中国有句古话："一个便宜三个爱。"那么是不是每一个顾客都喜欢价格便宜的产品呢？是不是产品价格越便宜，该产品的销量就越好呢？价格越便宜的产品销量就越大呢？在我们回答这个问题之前，我们一起来看一个案例：有个人卖臭豆腐，想着刚开始做生意，把价格定低一点，肯定有更多人来买。他先到市场上一打听，别人都是一块钱两块臭豆腐。于是，他就把他的臭豆腐定价为一块钱四块。正当他满心欢喜地期待来他这里买臭豆腐的人会络绎不绝的时候，他看到的确实是有人来到他的摊位前，看了看，心里都在嘀咕：怎么他的臭豆腐这么便宜？是不是有什么问题？……一上午，一下午，眼看一天就这样过去了，来到他的摊位前看的人比购买的人多得多。正当他灰心丧气的时候，一不小心把那个写着价格的牌子弄掉了，他捡起价格牌烦躁地敲打着桌子。这一幕刚好被一位路过的经济学家看到了，他买了一块钱的臭豆腐，吃了两块后，对老板说："你把价格改成四块钱一块试试。"老板想着，反正一天就快结束了，炸了那么多臭豆腐还没有卖出去，不如就死马当作活马医，说做就做，马上就把价格牌改成四块钱一块，而且高声吆喝：超好吃的臭豆腐，四块钱一块。路人一听，不会吧？没有听错吧？四块钱一块臭豆腐，去尝一尝，看看什么样的臭豆腐可以值这个价钱。就这样，这位老板剩下的臭豆腐在几分钟之内一下子就卖完了，而且还有些人吃完后意犹未尽，还想再吃。就这样，他炸的臭豆腐好吃的消息一传十十传百，一直就被认为是最好吃的臭豆腐了，而且价格一直保持四块钱一块，也没有人关注他的价格。

从这个案例中，我们可以得出上述几个问题的答案：并不是低价就一定有市场、销量大，高价就一定没有市场、销量小。因此，我们在定价的时候，一定要熟悉自己的产品，知道自己的产品在同行业中有什么优势、劣势，处于一种什么样的地位，自己产品的目标客户是谁等情况。只有弄清楚这些情况，做到知己知彼，才能定好价，而不是一味地为了获得客户的好评和订单定低价，从而获得好的利润空间，在与老客户沟通过程中，有很好的沟通空间。

2. 产品价格高肯定是我们的劣势

特别对于直接跟客户交流的业务员来说，他们直接面对客户，价格又是任何生意的核心，有些客户一来就问价格，一听价格高，马上转身就走，听都不听你解释。事实上，这些客户并不是真正的客户，或者说不是比较成熟的客户，他们只是比价格，最看重的是价格。因此最终也会因为价格而受到伤害，选来选去，最后还是在关注价格的基础上，更关注质量。所以只要客户愿意坐下来听你讲产品的优势，大多数时候，我们还是可以拿下这些客户的，即使我们的价格比别人贵一点，甚至是他所了解的价格中最贵的。

相反的，有些客户也是看价格，但是在他们理念中，他们就相信一分价钱一分货，你敢叫这么高的价，他就有兴趣看你的货，甚至你的产品价格越高，他越有兴趣了解你的产品。这样一来，客户又坐下来跟你谈货，谈着谈着，订单又会被你拿下了。有时即使你的产品价格是最高的，这些客户也乐意享受着高价给他们带来的荣耀感。因此，高价也是吸引优质客户、吓退假客户的一种方式。

3. 最便宜的产品就应该陈列在最显眼的位置

为了吸引客户眼球，提高产品曝光率。很多电商通常的做法是，把最漂亮的图片标上最低价格的产品摆在最显眼的位置，吸引眼球，获取较高的点击率。从某种意义上说，这种做法会吸引一部分贪图便宜的客户，但是最终的销售量肯定还是有限，而且后期的投诉、退货等麻烦也会接连不断。因为毕竟成本在那里，客户买回去后，经过比较和使用，自然就会知道这种方式只是一种宣传的噱头，要想买到好质量的产品，还不能只看图片漂亮，价格低，还必须比质量。所以，如果我们在降低生产成本的基础上，抢占价格优势，这一招就会为我们带来巨大的利润。

其次，我们要做好定价的策略，具体来说，定价策略主要包括以下几个方面：

1. 成本差异化定价策略

成本差异定价格的好处是，我们非常了解自己的成本，加上意愿的利润，在数据上非常准确，能够在谈判的过程做到游刃有余，张弛有度，能在控制好利润的前提下有效抓住客户心理，获得客户的订单。它的不足之处就是没有很好地考虑到市场需求的因素对价格的影响，有时候，市场需求量大，而我们的利润率决定的价格相对来说就会较低，从而影响我们总的营业额；相反，在市场需求量小的情况，我们的价格就会高出市场价格，势必引起客户的反感，从而使我们错失很多良好的客户。

2. 数量差异化定价策略

数量差异化定价就是根据客户所定数量来定价格。比如十个以下什么价格，十个以上什么价格，一百个以上什么价格，等等。这种定价办法的好处是能通过价格的差异，提升销售量，达到以销售的量提高总的营业额的办法。

3. 市场差异化定价策略

市场差异化定价就是以历史价格为基础，根据不同的市场需求、顾客的需求和消费能力来定价。它的优点是产销平衡，符合经济学供求原理，贴近市场实际需求状况，有时可能同一产品，由于地点不一样，供需情况不一样，它的价格就不一样。缺点是市场实际需求的数据难以采集，而且采集的成本过高，数据凌乱，处理起来费时费力，有时甚至会影响整个销售。

4. 顾客承受能力定价策略

顾客承受能力定价就是根据顾客对该产品的价格承受能力结合我们对利润的追求定价。在市场上，有些产品的价格实际上没有确切的数值，他会因为各种因素而变动。在选择某些产品的时候，经济能力不同的顾客的承受能力就能影响价格变化，比如化妆品类、化工品类、生物制品类。在这种情况下，我们一定要多跟客户交流，揣摩他们的心理，了解他们的生活状况、经济能力、消费习惯，从而确定一个他们能承受的价格。当然，这种定价的营业额总量肯定会比固定作价的方式高，同时又能提升营销人员的能力，增加他们的收入，为整个公司的长远运作储备人员打下良好的基础。

5. 套餐定价策略

在前面选品的时候，我们就注意到，选品不能只选单品。不然，即使你的产品质量再好，价格再优惠，顾客也会因为买不到全套的产品而选择别的电商。因此，我们在选好成套产品的时候，也要考虑套餐价格。

套餐价格就是在顾客购买某种商品的时候，他还会考虑购买其他与此产品相搭配的其他产品，比如服饰、电子产品。此时，如果你考虑到客户不同的喜好进行搭配成套出售定价，并给予一定的价格优惠，客户肯定会因为一方面能购买到全套产品，另一方面能享受到价格优惠，再加上在邮费方面的考虑，他肯定会选择你。

6. 竞拍定价策略

竞拍定价就是电商确定好一个基础价格，由顾客通过竞争的方式，最终确定价格的定价方式。这种方式的好处是，电商在竞拍平台上确定好基础价格，制定相应的竞拍规则，剩下的工作就由顾客根据自己对商品价值的评估和该商品对他的意义确定最终价格。当然，这个价格往往要高于电商的定价，而且对于电商来说，省时省力，收益高。对于顾客来说，他们也非常喜欢这种方式给他们带来的成就感，也能根据他们的承受能力选择适合的产品，甚至有些产品对他们来说意义非凡，那就不仅仅是价格问题。

再次，在定价的时候，我们也应该考虑一下跟客户讨价还价时的主客观因素。

1. 主观因素

（1）如果该客户是大客户，而且购买力较强，还能进行长期购买，此时可适当根据具体情况把价格报高一点，为后期因为其他情况的变化，再跟客户谈判时留有余地。如果客户的情况与此相反，那就应该把价格稍报低一点。

（2）如果客户对该产品和价格都非常熟悉，那么就应该用专业的“对比法”。在跟他谈判时，通过突出自己产品的优点、显现同行的缺点，在场再谈价格时，价格自然可以由你来定。通常通过这种方式与客户交流，能够长期稳固地“逮”住顾客，形成稳定的供需关系。

（3）如果客户性格比较直爽，不喜欢跟你兜圈子讨价还价，通常这种客户是了解该产品和价格的，最好还是一开始就亮出自己的底牌，以免报出高价一下子把他给吓跑。

（4）如果客户对产品不是很熟悉，那么就应该多介绍一些该产品的用途及优点，通过该产品的品质和特点介绍，让客户了解该类产品的价格定位。此时，价格也可以报高一点，而且还可以通过后续的技术跟踪，牢牢抓住该客户。

（5）如果有些客户对价格特别敏感，每分每厘都要争，而他又很中意你的产品，这说明他对产品的特性是了解的。此时，你可以试图跟他交朋友，更专业地跟他讲产品，讲自己产品的优势，跟他磨耐心，准备跟他打一次持久的心理战。当然，在这个过程中，你也可以询问或揣摩一下客户的目标价格、消费习惯，从产品的特征上为自己争取主动权。在具体跟他讲价格的时候，可以采取先让多后让少的策略，比如了解到他的目标价格是22元，而你的心理价格是20元，此时最好报28元。在还价时，直接让到24元，让客人看到希望，看到你的诚意。接着经过软磨硬泡让一元，最后再让一元。千万不可以一步到位，而应步步为营，既要让客人慢慢尝到甜头，看到希望，看到你的诚意，但又要让对方通过艰苦努力获得，让客人最后有一种赢了的感觉。通过这种方式获得的客户，通常会成为好朋友，甚至能给你带来更多的客户。

2. 客观因素

任何时候，产品价格的高低跟它的质量和供求关系等息息相关。报价之前，你必须要对自己产品特征及目标价位、主要目标市场等信息与你的目标市场上同类产品及价格做一个充分的对比，做到知己知彼，百战不殆。一般情况下，我们应该要把握以下原则：

（1）根据价和值通常是相等的原则，如果你的产品质量相对更好，报价肯定要更高。

（2）根据供求关系影响价格的原则，如果你的产品在市场上供不应求，当然也可以报更高的价。

（3）根据人们比较喜欢新鲜事物的特性，如果你的产品是新产品，款式又比较新颖，通常报价比成熟的产品要高些。

（4）综合考虑各方面因素定价，即使同一种产品，在不同的阶段，因受市场因素和政府控制等因素影响，报价也不尽相同。所以一定要进入到你销售的产品的领域和行业，一定要多方了解有关信息，锻炼出敏锐的嗅觉，实时对价格做出调整。

注意事项：请记住，价格一直是买卖双方最关心的问题，一定要给自己留有余地，一定不要一开始就直接给客户最低的报价，防止自己手中的底牌被客户摸清，最终无路可退，只有被客户牵着鼻子走。总之，我们在定价时，一定要考虑多种定价策略，考虑主客观因素，综合定价，为自己定价争取主动，获得较好的利润。

5.4 折扣与利润率

为了提高曝光率，从而提升转化率，很多商家不得不采取打折的方式。对此，我们认为必须有个度，不然就会形成鹬蚌相争、渔翁得利两败俱伤的局面。具体来说有如下策略：

（1）研究同行业、同质产品的价格及销售情况，弄清行业最低价格，然后以行业最低价格减价 5% ~15% 为自己产品的价格。这种折扣方式的特点是，商家必须有一定的实力，用这种方式打造自己的爆款，吸引客户眼球，引进来之后再根据具体情况跟客户商谈价格。因此，这种方式有一定的风险，不能持续时间太长。不然对于自己的总销售额有一定的损害。

（2）直接利用产品上架价格为基础，进行打折让利，但是这个折扣必须是在利润率的控制范围之内的，比如 5%。这种打折方式最大的特点是，客户能直接感受到商家的折扣诚意，但是也会遭到一些精明的客户的质疑，因此一定要做到诚心诚意，才能获得更多客户的青睐。

（3）利用成交价格为基础打折，成交价格打折的具体做法是，在销售价格的基础上减去营销优惠价，再进行打折。营销优惠方式有满立减、优惠券、卖家手动优惠、买家好评后返现等。这种打折方式的好处在于，能充分调动客户的积极性，为我们的各项数据的提升提供最直接最可靠的保证。

值得注意的是，所有的折扣都应该是在一定的利润率控制范围之内的，都是为了提高曝光量，提升转化率所做的努力。一定是要在自己能力所能承受范围之内的打折，不能是仅仅为了获得短期转换率而做的赔本行为。

第6章　产品发布与优化

学习目标

通过本章相关知识的学习，掌握跨境电子商务网店产品上传的方法与步骤，学会拟定产品英文标题和确定关键词，能拍摄产品图片并进行图片处理，能制作产品详情页并了解优质产品信息的要求，能优化产品信息。

重点难点

本章重点是了解掌握产品发布的流程及操作方法，能够正确拟定产品英文标题并选择关键词，难点是掌握优质产品信息的要求，能够优化产品信息。

6.1　产品发布流程

6.1.1　商品上架流程

跨境电子商务是以网络上的虚拟店铺为媒介，让买卖双方在其中达成交易。因此，运营跨境电子商务网店的首要内容，也是最重要的工作内容就是发布产品。

不同的跨境电子商务平台的产品上传方式不尽相同，但都需涵盖设置产品标题、放置产品图片、计算产品价格、填写商品属性信息等环节。国外的一些跨境电子商务网站如亚马逊等则在上传产品的时候制作表格。

由于上架的产品数量不断增多，为了便于管理，还需要填制产品信息表格，涵盖产品的编号、成本、重量、不同利润率下的价格等。以速卖通平台为例，产品发布的流程如图6－1所示：

6.1.2　产品上架流程详解

首先，要制作上架产品信息。在实际操作之前，应该制作出一系列的产品信息文

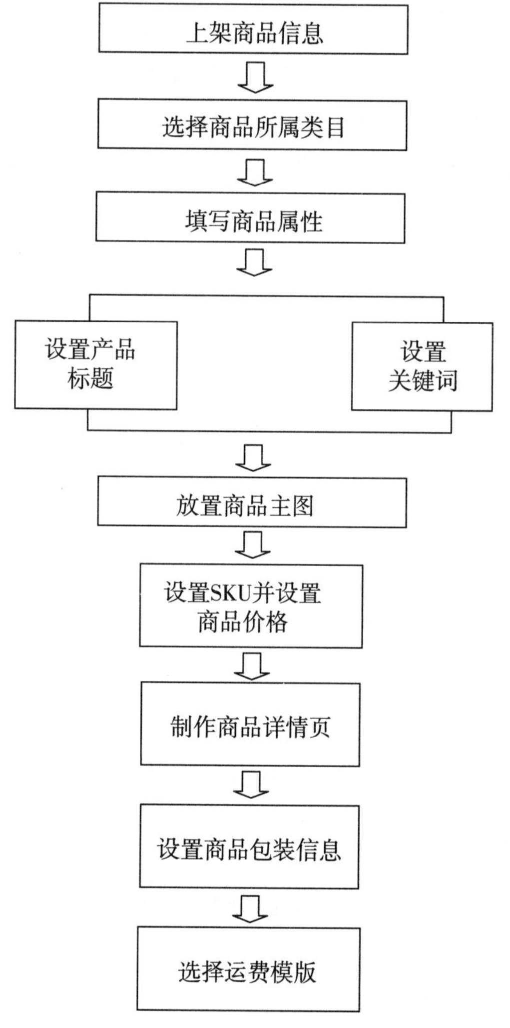

图6－1　产品发布的流程

件，包括：

- 主图、详情页图．jpg
- 价格．xls
- 标题．doc
- 属性填写．doc

其次，准备好产品信息后，就开始上传产品。首先是选择产品所属类目，这部分要求掌握产品的英文名，只有对行业有比较准确的认识，才能把产品传到正确的所属类目。如果传错了产品类目，将会影响买家的搜索。有些跨境电子商务平台会对放错类目的产品进行诊断，并打击恶意放错骗取曝光的行为。

那么如何在发布过程中避免类目错放呢？

（1）首先，要对平台的各个行业、各层类目有所了解，知道自己所售商品从物理属性上来讲应该放到哪个大类目下，如准备销售手机壳，应知道是属于手机大类下的；

（2）其次，可在线上通过商品关键词查看此类商品的展示类目，作为参考；

（3）最后，根据自己所要发布的商品逐层查看推荐类目层级，也可以参考使用商品关键词搜索推荐类目，从而在类目推荐列表中选择最准确的类目，发布时要注意正确填写商品的重要属性。

有些平台对部分商品制定了准入门槛，对于这样的商品，需要按照准入类目的提示信息联系行业经理，提交准入资料，通过审核后，平台才会给予产品上传资格。如果在取得上传资格之前，将准入类目的产品上传到其他类目，则属于乱放类目，这属于违规行为，会遭到平台的处罚。

再次，选择好商品所属类目之后，需要在产品发布页面填写产品属性。产品属性是指产品各方面的信息。在网上交易时，买家无法看到产品的真实信息，只能根据产品的图片、描述来进行判断，因此真实准确的属性信息对一个产品尤其重要。在发布产品时，属性填写应尽量准确，因为如果属性填写不准确，将会使买家在搜索时不能准确得到自己想要的商品。

然后是商品的标题拟定和选择关键词，以及放置产品主图，这部分在后面的章节里讲述。

接下来是设置SKU和设置产品价格。SKU = Stock Keeping Unit（库存量单位），即库存进出计量的单位，定义为保存库存控制的最小可用单位，可以是以件、盒、托盘等为单位。针对电商而言，SKU有另外的注解：

（1）SKU是指一款商品，每款都有出现一个SKU，便于电商品牌识别商品。

（2）一款商品多色，则是有多个SKU，例：一件衣服，有红色、白色、蓝色，则SKU编码也不相同，如相同则会出现混淆、发错货的情况。

再下来是制作商品详情页，具体在后续章节展开。

最后，设置产品包装信息和选择物流模板。产品的包装信息要填准确，避免产品不必要的纠纷。物流模板制作好之后，在发布产品的时候选择相应的物流模板即可。

6.1.3 产品的拍摄与图片处理

1. 产品的拍摄

跨境电商网店里的商品分为自有商品和国内货源商品，不同商品的上传过程不同。自有产品上传首先需要拍摄产品照片，而国内货源的图片多来自于国内的电子商务网站。跨境电子商务给客户呈现的对产品最直接的认识就是通过产品图片，好的图片能够大大增加客户下单的概率，因此拍摄产品图片非常重要。拍摄产品图片需要掌握拍摄视角、构图、产品和背景颜色对比、平台对图片背景的要求等多方面的技巧。对于国内货源商品，由于产品的图片来自于网上，因此需要对这些图片进行必要的处理，比如图片大小的处理、图片去水印及文字、图片的选择等。上传产品时要特别注意侵权问题，对于拿不到授权的商品是不能进行转卖的。

产品图片的拍摄需要在保证真实性的前提下进行别出心裁的设计，使之能够吸引买家的目光，促使他们产生了解所展示商品的兴趣和购买欲望。

一张产品图片的拍摄是否成功，主要由三个因素来决定：拍摄场景布置、光线的角度和拍摄构图。

（1）拍摄场景布置。网店因其具有虚拟的特性，买家无法触摸得到，全依凭视觉观察。所以，为了防止买家将过多的注意力放在无关紧要的产品背景之中，场景布置的第一原则就是简单明了，自然能够将买家的视线聚焦在拍摄的焦点之上；而杂乱的场景布置只会喧宾夺主，分散买家的注意力，使买家不能快速知晓所卖的产品，从而严重影响买家的购买欲望。

（2）光线的角度。在专业摄影领域，光源的位置选择很有讲究，如测光、侧逆光等。我们在实际拍摄中，把光分为主光、背景、光辅、助光等几种。刚开店不宜过多投入资金，可以利用白布和台灯等制作迷你摄影棚。

在布置光线角度的时候，应将主光的位置重点调整好，可以置于最前方，也可以布置在顶部。然后再利用辅助光来调整画面上由于主光的作用而形成的反差，从而突出整体画面的层次感。

2. *产品图片的处理*

产品图片处理包括给图片加相框、去水印、补光、修改图片尺寸、制作海报等，图片处理需要用软件来完成。图片处理的软件有很多，比较专业和常用的软件是Photoshop。国产的图片处理软件美图秀秀现在被越来越多的年轻人所喜欢，也可用来进行图片处理。用美图秀秀软件给产品加边框等非常方便。另外，美图秀秀还提供了批处理功能，可以一键处理多张图片，这样大大减轻了工作量。

6.1.4 制作尺码表

服装、鞋帽、戒指等类目的产品，买家在购买的时候必须要根据尺码表选择适合自己的产品。因此，对于做这些类目商品的卖家而言，制作尺码表就成了必须要做的事情。

尺码表一般展示在详情页中。由于在详情页中制作表格比较复杂，一些卖家会把制作好的尺码表进行截图，保存为图片格式。这样传到详情页就会方便许多。但图片的方式有其缺点，比如，一些国家的客户不懂英文，希望复制尺码表的部分英语去一些在线翻译的网站进行翻译就无法做到。因此，良好的尺码表应该通过制作表格来展示。

速卖通平台提供了服装、鞋子和珠宝的尺码模板，可以在尺码模板里建立一些模板，这样在上传产品的时候钩选相关模板即可快速关联，减轻了每次上传产品都要制作尺码表的负担。(见图6－2)

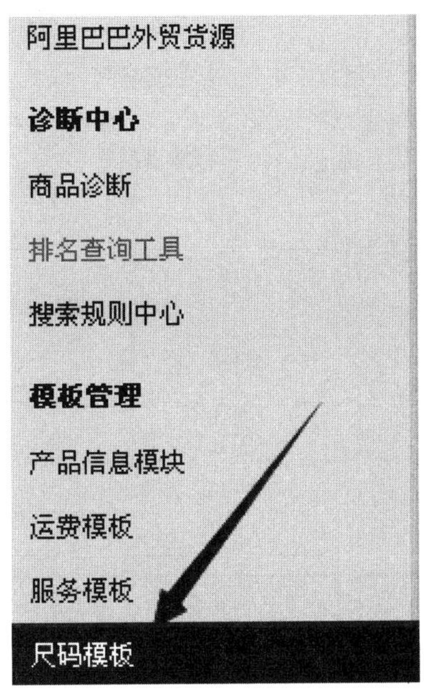

图6－2

进入“尺码模板”页面后，首先选一个大类，然后点击“新增模板”按钮，如图6－3所示。

然后进入小类选择模板类型，点击“下一步”。

然后就进入了尺码表编辑页面，在这里可以给尺码表模板起一个名称，然后在左侧钩选出需要的尺码，在右侧可以钩选需要展示的维度。如图6－4所示。

填写完点“保存”按钮即可。在发布产品的时候，在尺码表模板选择对应的尺码表即可关联。

6.1.5 产品发布的相关规定

速卖通平台重复铺货的规则如下：(包含但不仅限于以下情况)：

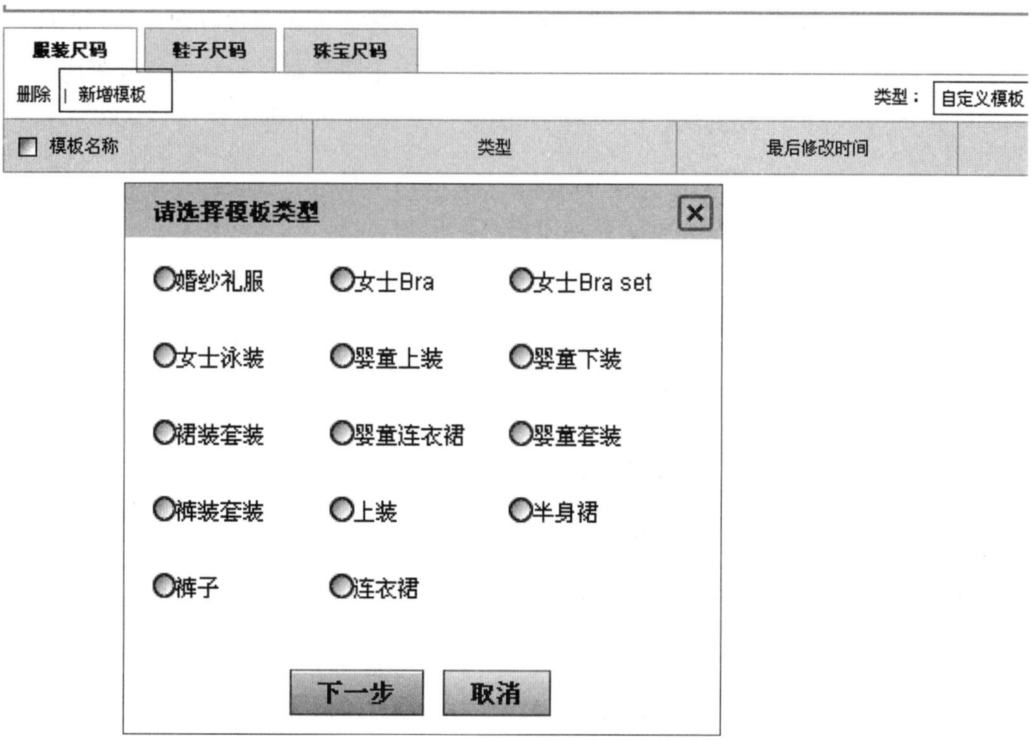

图 6－3

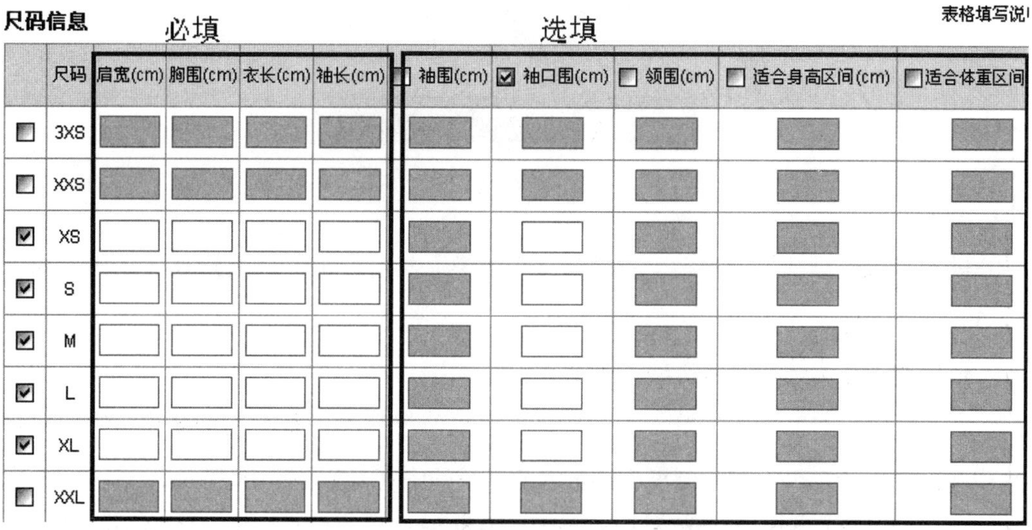

图 6－4

规则 1： 商品主图相同，且标题、属性、价格、详细描述等关键商品信息雷同，视为重复铺货。

规则 2： 商品主图不同（比如主图为同件商品不同角度拍摄图片），但标题、属性、价格、详细描述等关键商品信息雷同，视为重复铺货。

6.2 标题、关键词的拟定

6.2.1 产品标题

产品标题是买家搜索到你并吸引买家点击进入你的商品详情页面的重要因素。字数不应太多，标题要做到准确、完整、简洁。产品标题支持站、内外关键字搜索，一个专业的产品标题能让商品从搜索页面上万的优质产品中脱颖而出。优质的产品标题应该包含产品的名称、核心词和重要属性，能够突出产品的卖点。

产品标题一般的结构是：销售方式+产品材质/特点+商品名称

还可包含商品的其他信息，如：品牌、状态、颜色、类型等。

例如：Baby Girl amice blouse Pink amice Coat With Black Lace /Suit Must Have Age Baby：1 -6Month Sample Support

一般在设计标题时应将核心词汇，也就是顶级热搜词放到最前面，保证相关性。接下来放置属性词，也是出于相关性的考虑，为了让产品标题描述尽量好，尽量完善。最后放置属于自己的流量词，也就是长尾词（长尾词一般由2~3个词组成，是更细化的关键词，长尾词的转化率高，但对应的产品较少）及特别精准的词，这些词是真正能为网店带来流量的词。

不同的跨境电商平台都会对标题出台一些管理政策，比如速卖通平台规定：如果标题中出现多次同样意思的商品词，则会被认为是标题堆砌，会受到搜索排名靠后的处罚。

例如：某产品标题为 cell phone，mobile phone，mobile telephone，oem cell，这个标题就犯了标题堆砌的错误，会受到平台排名靠后的处罚。

亚马逊平台也对产品标题也有非常严格的要求：

（1）每个字的首字母必须大写（除了 a，an，and，or，the 之类的词）。

（2）不能有任何特殊字符或标点符号，数字用阿拉伯数字。

（3）如包含批量销售，在商品名称后面添加（pack of X）。

（4）简明扼要，不能有重复同一个意思的关键字。

（5）标题首位必须是品牌名，如果是无品牌商品，将首位的 Brand 写为“Generic”。

（6）不能有公司、促销、物流、运费或其他任何与商品本身无关的信息。

Ebay 平台要求产品标题不超过 80 个字符，因此在设置标题时，应尽量选用和产品最相关、最重要、买家最可能使用的关键词。

产品标题应该涵盖以下内容：

（1）产品的关键信息以及销售的亮点；

（2）销售方式及提供的特色服务；

（3）买家可能搜索到的关键词。

6.2.2 标题堆砌

标题设计要防止标题堆砌

（1）定义：标题堆砌是指在商品标题描述中出现关键词使用多次的行为。

（2）具体案例：商品的描述使用相同或近似的关键词堆砌（见图 6－5）。

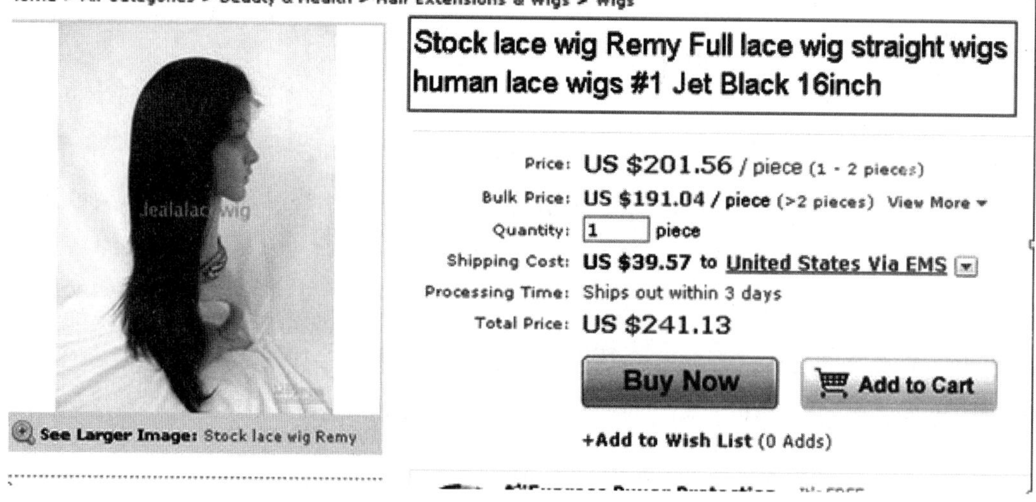

图 6－5

（3）如何避免标题堆砌

标题的描述应该是完整通顺的一句话，如描述一件婚纱：Ball Gown Sweetheart Chapel Train Satin Lace Wedding Dress，这里包含了婚纱的领型、轮廓外形、拖尾款式、材质，用 wedding dress 来表达商品的核心关键词。

（4）标题堆砌的处罚

对标题堆砌的商品，平台将在搜索排名中靠后，并将该商品记录到搜索作弊违规商品总数里；当店铺搜索作弊违规商品累计达到一定量后，平台将给予整个店铺不同程度的搜索排名靠后处理；情节严重的，将对店铺进行屏蔽；情节特别严重的，将冻结账户或直接关闭账户。

6.2.3　关键词

关键词源于英文"keywords"，特指单个媒体在制作使用索引时，所用到的词汇。关键词搜索是网络搜索索引主要方法之一，是用户在使用搜索引擎时输入的、能够最大程度地概括用户所要查找的信息内容的字或者词，是信息的概括化和集中化。在给产品设定关键词时，建议选择能突出商品特点和销售优势的词。

关键词的选取方法：

① 核心词（如 T-shirt）；

② 属性词+核心词（突出卖点）（如 Cotton t-shirt）；

③ 修饰词+核心词（如 2015 New t-shirt）；

④ 利用 Google Adwords 关键词工具或平台的搜索词分析工具。

关键词分总的关系：

1. 包含法

举例：wafer type butterfly valve

那么关键词就可以分别设置为：

wafer butterfly valve；butterfly valve；valve

即：对夹蝶阀，蝶阀，阀门

范围差异：范围越来越大，不同层次的关键词都要有。

2. 以某一个关键词为中心，用其他词对其进行修饰

举例：wafer butterfly valve，concentric wafer butterfly valve，manual wafer butterfly valve

即：对夹蝶阀，同心对夹蝶阀，手动操作对夹蝶阀。

6.3　主图的制作与选择

6.3.1　主图的作用

跨境电商网店的图片可以分为主图、细节图和颜色图几种。主图是客户最先看到的图片，主图可以有多张，其中第一张叫首图。

无论买家是通过关键词搜索还是通过类目搜索，展现在消费者眼前的第一张图片

就是商品主图。因此，商品主图的优劣是影响买家关注及影响买家点击的重要因素。主图能够极大地影响客户在产品页面的停留时间，也极大地影响了店铺的转化率。通过一张优秀的主图，可以在店铺没有做任何付费推广的情况下，依然吸引很多流量，为卖家节省一大笔推广费用。

6.3.2 主图的规范

首先，在主图的选择中，需要一张清晰度高的图片。图片的清晰度是一张主图的首要条件，模糊的主图不仅影响消费者的视觉体验，还会严重地影响商品的价值体现。所以，在选择商品的主图时，首先要考虑图片的清晰问题。

对于商品主图来说，合理的商品展示角度不仅能增强商品的立体感，还可以让买家更加清晰地看到商品的全貌，并且一个好的商品角度可以让商品更加灵动。在确保商品角度合理的情况下，还需要注意商品的完整性。对于静物来说，商品尽量展现出多个侧面，这样可以让买家通过一张图片获取更多的商品信息。

许多店铺为了防止其他店铺盗用自家的图片，在产品图片中添加文字或水印，很容易影响产品的美观度，让消费者对这款产品失去信心。

其次，需要选取一张曝光正确的商品图片。光线的色温及明暗会造成商品的色差问题，如果采用了一张曝光有问题的图片，就容易引起售后纠纷。因此，在图片的选择上，对于图片的正确曝光也需要考虑和筛选。比如，采用逆光拍摄的角度，正面光线不足，就无法辨别衣服的实际颜色，这样就容易让消费者对颜色产生理解误差。

很大部分消费者习惯用放大功能查看商品情况，由于主图支持放大功能，为了让消费者可以更加清晰地查看商品主图的细节情况，商品主图尽量选择 800 × 800 像素以上的图片。在保证清晰度的同时也要考虑图片的大小，因为有些平台设有图片大小的限制，比如速卖通平台规定单张图片大小不能超过 500KB。

6.4 商品详情描述

6.4.1 商品详情的构成

产品的详细描述是让买家全方面了解商品并形成意向下单的重要因素。一个优秀的产品描述能够打消买家对于网上购物的不信任感，给买家一个非常专业的印象，增强买家的购买欲望。优秀的详情页的要求是：风格统一、简洁美观；充分展现产品；充分体现产品卖点；有令人印象深刻的文案；有吸引人的关联营销、店铺促销等。

一个好的详细描述主要包含以下几个方面：（详情也可以参考行业模板）

（1）商品重要的指标参数和功能（例如服装的尺码表，电子产品的型号及配置参数）。

（2）5 张及以上详细描述的图片。

（3）售后服务条款。

详情页的一般格式，如表 6－1 所示：

表 6－1　详情页的一般格式

区　域	图片类型
广告区	欢迎光临图
	关联营销模块
产品图区	尺码表、产品图
	摄像图
	细节图
	效果图
与产品相关的图片区	特点介绍图
	真假对比图
	消费者分享图
	包装图
售后服务区	网购流程图
	物流示意图
	售后赔付图
	请给好评图
	FAQ 常见问题解答
	公司图

也可以从几个方面进行展示：

（1）商品展示类：色彩、细节、优点、卖点、包装、搭配、效果；

（2）实力展示类：品牌、荣誉、资质、销量、生产、仓储；

（3）吸引购买类：卖点打动、情感打动、买家评价、热销盛况；

（4）交易说明类：购买、付款、收货、验货、退换货、保修；

（5）促销说明类：关联商品、热销商品、搭配商品、促销活动。

按商品描述功能分解：

（1）商品整体图片：全面展示产品的整体效果；

（2）产品细节图片：从细节展示产品的部分效果；

（3）模特或使用效果图片：模特展示，或情景展示产品的使用效果；

（4）广告图：卖点挖掘及促销图，卖点打动；

（5）SKU 属性：以文字、图片或表格等多种形式说明产品的材质、规格等信息；

（6）产品介绍：大多数以文字形式介绍产品；

（7）使用说明：使用流程或产品使用注意事项等；

（8）产品卖点：以细节图和文字放大产品的卖点，一般是工艺、材质等细节说明，让顾客更多了解产品的特性；

（9）产品类比：与同类产品比较，挖掘产品与其他产品的差别和优势；

（10）口碑：展示出售记录、好评、买家评价、真人秀等；

（11）包装展示；

（12）售后说明；

（13）企业文化展示、品牌文化展示；

（14）关联营销；

（15）活动图片：店铺活动、其他促销活动。

商品详情页的内容比较丰富，以上所列的内容并不是必须全部展示在所有商品的详情页面中，不同店主可根据产品特点或自身偏好选择以上的部分内容进行展示。但同一个店铺的商品详情页应该风格统一，这样才能给买家留下比较专业、不杂乱的印象。

注意：在编辑产品信息时，务必基于事实，全面而细致地描述产品。

例如，电子类产品需将产品功能及使用方法给予全面说明，避免买家收到货后因无法合理使用而提起纠纷。

又如，服饰、鞋类产品建议提供尺码表，以便买家选择，避免买家收到货后因尺寸不合适而提起纠纷等。

不可因急于达成交易而对买家有所欺骗，如实际只销售 2G 容量的 U 盘却刻意将容量大小描述成 256G，此类欺诈行为一经核实，速卖通平台将严肃处理。

产品描述中对于产品的瑕疵和缺陷也不应有所隐瞒。

产品描述中建议注明货运方式、可送达地区、预期所需的运输时间。同时也建议

Back to search results | Home > All Categories > Apparel & Accessories > Men > Shirts > Casual Shirts

首先关键中的关键请保证产品落在准确的对应类目

Men's Slim Luxury Stylish Casual Shirts M L XL XXL Grey/Light blue/Pink/Black/white Wholesale & Retail ys906

1.标题的描述一般大致有这几个中心词来组成：
衣服外形轮廓+设计特色+材质+中心词
2.中心词限定一个（不允许重复列举中心词比如WeddingDress+WeddingGown）
3.每一个英文第一个字母大写
不错的标题示例：Free shipping Men's Slim Fit Cotton/Spandex Button Up Dress Shirt

History: Feedback (10)　Past 6 months: 66 orders (72 pieces)

Price: US $18.00 / piece
Bulk Price: 9% off (5 pieces or more)
Color:

务必设置产品SKU属性：尺码、颜色

Size: XS S M L

Quantity: 1 piece
Shipping Cost: Free Shipping to United States Via China Post Air Mail

产品图片：除了静态的1张图片，动态的6张图片也要同时设置

Processing Time: Ships out within 3 days
Total Price: Depends on the product properties you select

Buy Now　Add to cart

See Larger Image: Men's Slim Luxury

Product ID: 506402209

Bookmark & Share

Product Details | Shipping & Packaging | Payment Terms | Feedback

产品细节描述务必按照产品真实属性如实填写（买家会侧面从此块中的信息描述来判断卖家的专业水品；同时准确的类目属性会方便买家从搜索Listing内快速找到您的产品）

Item specifics

Item Type:	Shirts
Gender:	Men
Place of Origin:	Zhejiang China (Mainland)
Brand Name:	hope way
Feature:	Anti-Wrinkle,Breathable,Eco-Friendly
Sleeve Length:	Full
Material:	Cotton
Season:	Autumn
Material Composition:	Cotton/Polyester
Shirts Type:	Dress Shirts
color:	Grey/Light blue/Pink/Black/white
Available Quantity:	300
Style:	Casual Shirts
Sleeve Style:	Long Sleeve
Material:	Polyester / Cotton
Supply Type:	In-Stock Items
Pattern:	Solid Color
Fabric Type:	cotton

Product Description

服装产品展示中必要3要素：
规格表、面料信息、颜色和印花信息

图 6－6

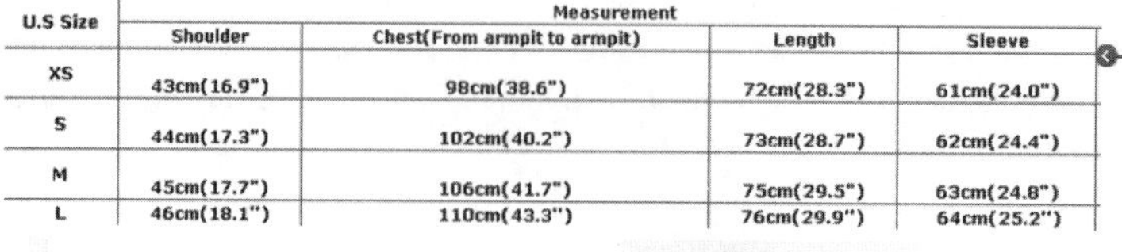

U.S Size	Measurement			
	Shoulder	Chest(From armpit to armpit)	Length	Sleeve
XS	43cm(16.9")	98cm(38.6")	72cm(28.3")	61cm(24.0")
S	44cm(17.3")	102cm(40.2")	73cm(28.7")	62cm(24.4")
M	45cm(17.7")	106cm(41.7")	75cm(29.5")	63cm(24.8")
L	46cm(18.1")	110cm(43.3")	76cm(29.9")	64cm(25.2")

尺寸表要求具备：欧码，美码。同时要求具备厘米、英寸两种尺寸描述 要求至少给出胸围、腰围、臀围、衣长这4个规格

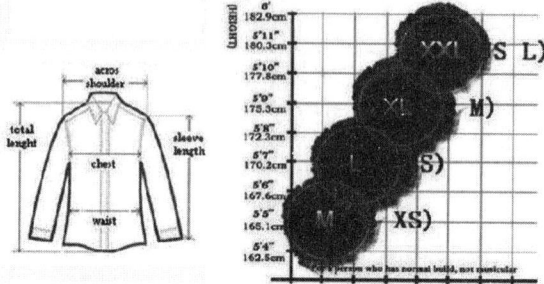

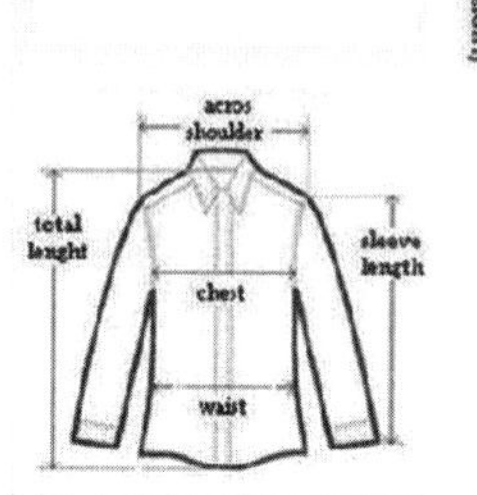

HEIGHT
6' 182.9cm
5'11" 180.3cm
5'10" 177.8cm
5'9" 175.3cm
5'8" 172.3cm
5'7" 170.2cm
5'6" 167.6cm
5'5" 165.1cm
5'4" 162.5cm
XXL (S L)
XL (M)
L (S)
M (XS)
For a person who has normal build, not muscular

给出各个规格尺寸的测量方法&身高、体重的对应表

MAN BELTED WINTER TRENCH COAT WOOL BLEND SZ M 850 (BLACK,GREY)
US$ 61.19 - US$ 76.49/piece

DOUBLE BREASTED HALF SLIM COAT JACKET SZ M 800 (BLACK,KHAKI)
US$ 50.39 - US$ 62.99/piece

HIGHNECK DOUBLE ZIP SWEAT JACKET FLEECE INSIDE SIZE M 799 (BLACK,GRY)
US$ 35.99 - US$ 44.99/piece

FUNNEL COLLAR ZIP HOODED JACKET HOODIE SZ M 905 (GREY,BLACK)
US$ 38.87 - US$ 48.59/piece

限制关联销售产品的数量，控制在10个产品以内；
同时取消下面的产品文字内容使产品排列整齐

DOUBLE COLLAR SIDE ZIP SHORT JACKET SWEAT SIZE M 859 (KHAKI,GREY,BLACK)

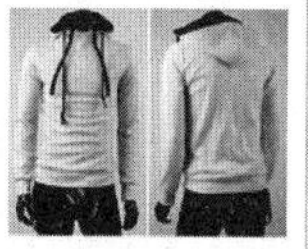

DOUBLE ZIP HOODED SWEAT JACKET HOODIE SZ M 982 (BLACK,WHITE)
US$ 34.55 - US$

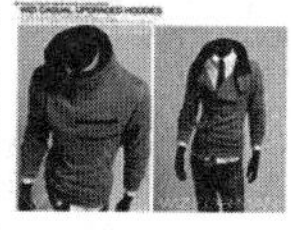

ASYMMETRIC ZIP UP SWEAT JACKET FLEECE INSIDE SZ M 907 (BLACK,GRY)
US$ 33.11 - US$ 41.39/piece

HOODED CASUAL MAN CHECK SHIRT SWEAT SZ M 802 (BLACK,RED)
US$ 23.75 - US$ 29.69/piece

Terms of Service

Shipment:

When you place an order, please choose a shipping method and pay for the order including the shipping fee. We will send the items within X days once your payment is completed.

We do not guarantee delivery time on all international shipments due to differences in customs clearing times in individual countries, which may affect how quickly your product is inspected. Please note that buyers are responsible for all additional customs fees, brokerage fees, duties, and taxes for importation into your country. These additional fees may be collected at time of delivery.

We will not refund shipping charges for refused shipments.

The shipping cost does not include any import taxes, and buyers are responsible for customs duties.

发货、运输说明：
说明买家付款后的发货时间，注明买家必须承担关税

Returns:

We do our best to serve our customers the best that we can.

We will refund you if you return the items within 15 days of your receipt of the items for any reason. However, the buyer should make sure that the items returned are in their original conditions. If the items are damaged or lost when they are returned, the buyer will be responsible for such damage or loss, and we will not give the buyer a full refund. The buyer should try to file a claim with the logistic company to recover the cost of damage or loss.

The buyer will be responsible for the shipping fees to return the items.

Sizing or Fit Issues

As all of our dresses are hand-sewn and customer tailored, the finished gown may vary by approximately ±1 inch in the specified measurements.

To ensure that your dress will still fit you perfectly, our tailors have created all our dresses with additional fabric in the seams to allow minor size modifications to be made easily. If you find the products are not suitable for you and have questions, you can contact us directly.

Color Mismatch

Differences in color may be caused by some other reasons such as color reflection in the monitor, lighting, background etc. However, if you believe that the item received is in wrong color, please contact us to see if a return or refund is possible.

退货说明：
买家收到货15天时间内可以提起退货要求（时间可以设置长，但不能设置短）
买家必须保证退回的货物完好，若有损坏或者丢失，买家需要承担责任，买家需要承担退回的运费

尺寸存在正常误差（给出认可的误差范围）
颜色会由于显示屏和灯光等存在轻微色差

图 6－7

向买家解释海关清关缴税、产品退回责任和承担方等内容。

Frequently Asked Questions 常见问题解答，能够回答买家心中的常见问题，减轻客服的压力，降低询盘率，提高工作效率。

6.4.2 产品详情页模板

速卖通平台提供了一些行业产品的详情页模板，例如，服装产品的模板如图6－6、图6－7所示：

6.5 产品信息优化

产品信息优化是指对已发布或待发布的产品信息进行优化的过程，使之更符合自身的属性以及网络平台的要求。产品信息的更新会给以前的信息注入更高的信任度。产品信息在发布时要能准确地全方位描述出产品的情况，产品信息同时一定要具有原创性、权威性、可读性、针对性。同时，产品信息的标题、关键字、产品描述应围绕同一个中心思想。

6.5.1 产品定位

1. 同一产品，需求不同，关键词不同

（1）单一的产品有很多需求，需要站在各个不同需求方的角度把这些需求落到实处，才能体现产品对应的价值，找到产品的核心市场和人群。

例如：廉价的红酒，可以作为 Party 的道具，中档红酒可以作为亲朋送礼的佳品，高档红酒可以成为收藏家的宝贝。

（2）同一产品不同分类，将 Party 的组织者，过节送礼的人，红酒收藏家吸引进来，利用他们常用的搜索词，利用他们最关心的话题进行商铺目标关键词定位。

2. 分析竞争对手情况，知己知彼

（1）清楚目前商铺产品目标关键词是什么，到谷歌中查询相关排名，掌握商铺的最新排名情况；排名不好，那么排名靠前的是什么商铺，做法和自己有什么不一样，适当借鉴。

（2）分析各个平台上的同类优质卖家如何优化商铺信息，产品相关信息如何描述，目标关键词是什么，到谷歌中查询其主关键词对应的排名如何。如果排名不错，那么就可以适当地参考其做得比较好的地方，融入自己的商铺中，做到扬长避短。

3. 确定目标关键词

（1）通过各种渠道，收集关键词，确定目标关键词为竞争程度为中或低，搜索量相对较高，且与您产品最符合的关键词。

（2）将关键词适当地融入产品信息以及商铺相关信息中，使产品页面、商铺页面更易获得排名，获得更多的流量。

6.5.2 产品信息优化

1. 产品标题

产品标题是匹配关键词搜索、影响产品在敦煌网和谷歌中的曝光率的关键因素。建议产品标题满足以下要求：

（1）尽量精简，体现出最合适的主关键词。

（2）产品名称中准确地体现产品关键词，在精不在多。

（3）重要关键词最好根据实际情况放在前 5 个 word 位置之中。

（4）产品标题必须是一个完整可读的句子。（目前很多标题完全是由产品的属性组合起来的，不具有可读性）

产品标题优化举例：

原产品标题：

Prom/Evening Dresses Sweetheart Low BackBall Gown Hi – Lo Bubble

优化后的标题为：

Sweetheart Prom/Evening Dresses with Hi – LoBubble, Low Back Ball Gown

2. 产品基本属性

目前各个行业都有相应的属性可供卖家选择，必选的属性不多。

建议 seller 为产品选择至少 4 个符合的属性，卖家选择的属性会出现在页面的相关内容中。个性化商铺属性使用：自定义属性设计的越多越好，属性名称中加入产品主关键词。

3. 产品关键词

建议选择能体现产品的核心的英文关键词进行填写，不要填写单个 word 的关键词。虽然这是可选项，但是对于 SEO 作用比较大。

产品关键词有如下影响：

- 产品页面的 title，description；
- 便于敦煌网在站内相关产品或内容中推广卖家的产品，提高产品曝光量；

- 便于搜索引擎通过该关键词引流到卖家的产品页。

示例：

产品标题为：2012 Popular Sexy One - shoulder Evening Dress Prom Gown

关键词者可以写为：

2012 Evening Dress 或者 One - shoulder Evening Dress 或者 Sexy Evening Dress，而不是只填写 Dress 或者不填。

4. 产品详细描述

产品详细描述建议包括如下内容：

（1）产品图片建议

首图区填写的产品图片，尽量都在详描中展示。

（2）文字内容建议

① 越详细清楚，转化率越高，退货率越少，买家购买越放心。

② 适当添加关键词和相关的长尾关键词（3～5个，具体看文字内容的多少）；位置分别为：开始、中间、结尾。关键词加入到文字中的前提是必须通顺，不能硬塞。

③ 为关键词进行加粗加斜，起到强调作用，切忌整段加粗加斜。

第7章　店铺营销与平台活动

学习目标

通过本章相关知识的学习，学生应了解跨境电商平台的营销工具原理，掌握营销工具的使用方法，学会利用平台营销工具、平台资源开展平台活动，提升店铺的综合竞争力。

重点难点

本章重点难点是了解掌握店铺营销工具的原理、常用的店铺营销工具、平台活动。

7.1　店铺自主营销

店铺自主营销是店主不通过任何代理自己建立营销网络的营销模式。这种营销模式由于是店主根据自己的商品选择最适合自己商品的营销方式来向顾客推送产品，有相当高的针对性与转化率，所以是目前跨境电商最优选的营销模式。

在自己建立营销网络的过程中，根据店铺所开设的平台和背景不同，建立自己的营销网络方法也往往各不相同，但是店铺自主营销中常用的工具与方法比较集中于以下几类。

7.1.1　店铺首页营销

在网络中，店铺首页是一个店铺的招牌和门面，店铺首页营销策略运用得当，会极大提升店铺的访问量与点击率，进而提升转化率。可以想象，当买家无意间浏览到一家店铺时，一个精致主图或漂亮的画面会首先引起他的注意，令他不由自主地继续停留在该店铺，并进入宝贝详情页面仔细查看。本来没打算购物的他也许会对该产品有一种购买欲和一种冲动，而接下来他就有可能购买该产品。买家在店铺停留的时间越久其购买的欲望越强。运用好店铺首页营销策略，需要注意如下一些关键点。

1. 店铺首页主次分明，轮廓清晰，整个店铺基调风格一致

店铺必须要有一个基调和一个风格，统一整齐的规划和明确的色彩视觉表现，能让进店的买家第一时间就明确知道店铺的商品定位和销售对象，从而选择离开或者继续深入了解。

2. 开门见山放爆款或者潜力爆款

开门见山放爆款或者潜力爆款，基本上要占据店铺最佳的展示位置，也就是前三屏。这些位置要根据每日的销售数据和转化数据，定期更新，更新内容包括位置、橱窗图，当然更主要的是单个商品的详情页面优化。根据大量数据证实，一个新买家进店后在前三屏的点击概率会相当的高，越往后点击率会越低，因此尽可能地让买家在前三屏找到他们想要的产品，而卖家也需要利用好前三屏将主打的商品推销出去。

3. 做好店铺分类栏目

店铺分类栏目要尽量用最简单最容易让买家找到的方法进行商品区分，帮助买家找到他想要的宝贝，比如可以通过明确店铺宝贝是什么产品的品牌或者是根据产品的使用效果、产品的功能、产品的使用季节等来区分。

7.1.2　橱窗营销

橱窗通常是网店平台给不同信誉等级的店铺相应的优先展示位，就相当于商店门口玻璃橱窗的那个位置，可以起到让没进入店铺的人都能看到店铺里的某些商品的优先展示作用，商品搜索时会优先排列有推荐橱窗的宝贝。

橱窗营销就是充分利用橱窗位的优先推荐效果，使店铺的商品获得较高的浏览率与点击率后，提升商品的成交率的营销方法。

不同的平台橱窗位赠送的数量与规则都不尽相同，同一个平台也会在不同时期有不同的规则。以速卖通平台为例，商家上传商品超过120件即多赠送一个橱窗位。

使用橱窗位的方法基本上都是在商家后台管理中，选择要作为橱窗展示的商品，设置橱窗展示就可以。

7.1.3　淘代销

淘代销是速卖通平台为卖家提供的一款产品发布工具，可以帮助卖家将淘宝宝贝信息方便、快速地批量导入速卖通平台。卖家只需要简单设置售价、物流等信息，即可将产品上架进行销售。淘代销的使用步骤简单分为三步。

（1）在淘宝网挑选货源。

（2）在卖家后台查询、认领商品。

（3）编辑、发布产品。

7.1.4 关联营销

关联营销是指一个宝贝页同时放了其他同类、同品牌可搭配的有关联的宝贝，尽力在所要营销的事物、产品、品牌等东西上寻找关联性，来实现深层次的多面引导。关联营销有时候也叫绑缚营销。常见的关联营销方法有三种。

1. 互补关联

互补关联强调搭配的商品和主推商品有直接的相关性，如主推商品为鼻贴，那可以搭配面膜、洗面奶等同场景产品。

2. 替代关联

替代关联指主推商品和关联商品可以完全替代，如主推商品为圆领 T 恤，那么关联产品可以是 V 领 T 恤，也可以是立领等。

3. 潜在关联

潜在关联重点强调潜在互补关系，这种搭配方式一般不推荐，但是针对多类目店铺时，可以考虑。如主推商品为泳衣，那潜在关联的商品可以为防晒霜/项链。表面上，两种产品毫无关系，但是潜在意义上，买泳装的人可能在户外游泳，所以防晒霜也是必要的。

7.2 免费营销工具

免费营销工具是平台为店铺开展营销活动提供的一些便利工具，用好免费的营销工具可以为店铺提升流量、点击率，大幅降低店铺营销成本。不同的平台提供的免费营销工具大同小异，基本上有如下一些形式。

7.2.1 全店铺打折

全店铺打折工具是平台为商家提供的批量设置打折的工具，使用它可以根据不同类目商品的利润率，对全店铺的商品按照商品分组设置不同的促销折扣，吸引更多流量，刺激买家下单，累积客户和销量。

以速卖通平台为例：三步轻松设置全店铺打折活动。

（1）如图 7－1 所示，登录“我的速卖通”⇒点击“营销中心”⇒在“店铺活动”

中选择“全店铺打折”⇒点击“创建活动”。

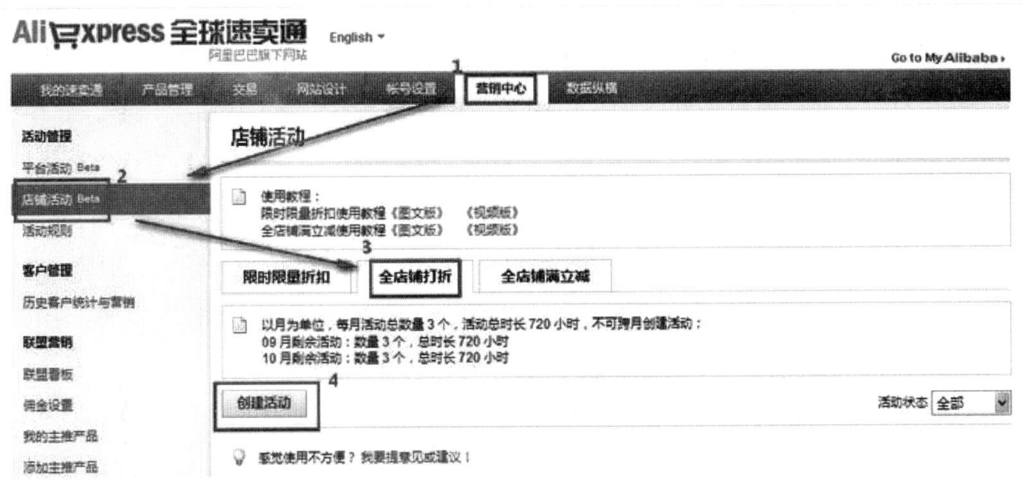

图7-1　速卖通全店铺打折活动设置

（2）填写活动基本信息。需要提前48小时创建活动，活动开始和结束时间必须在同一个月内，但是可以提前创建下一个月的活动。

特别提示：

①月初是活动数量最少的时候，卖家们应该抓住机会，提前设置好月初开始的活动，争取更多曝光和订单。

②如果选择了月末的最后一天，需要再选择时间是23:00，否则该活动会在最后一天的0点就结束。

（3）填写促销规则。

特别提示：

①当活动处于“等待展示”和“展示中”状态时，活动商品不能被编辑，折扣信息也不能被修改。活动开始前的24小时将处于“等待展示”阶段。

②当“全店铺打折”活动和“限时折扣”活动时间上有重叠时，以限时限量折扣为最高优先级展示。例如：商品A在全店铺打折中的折扣是10% off（即9折），在限时折扣中是15% off（即85折），则买家页面上展示的是限时限量折扣的15% off。

7.2.2　限时限量折扣

限时限量折扣是由卖家自主选择活动商品和活动时间，设置促销折扣及库存量的店铺营销工具。使用该工具可以利用不同的折扣力度推新品、造爆品、清库存。在设置限时限量折扣活动时，有如下几点需要注意。

1. 时间设置有限制，库存设置有限额

限时限量活动，在活动时间上建议不要太长（如一个活动可以设置 48 小时），可以分时间段，不同产品进行不同的活动，为打造爆款的产品可以设置相对比较长的时间；在库存设置时，建议做到限量，让买家感觉到如果不买，很快就会没有，库存产品清仓除外。

2. 折扣力度设置有门道

限时限量折扣活动，目的是帮助店铺吸引最大的流量。以速卖通平台为例，比如在 10 月圣诞节的黄金采购季到来之时，速卖通各行业经理针对限时限量折扣活动给出了自己的折扣建议，表 7－1 为速卖通平台部分行业目录及建议折扣表。

表 7－1　速卖通部分行业目录及建议折扣表

行业类目	详细类目	建议折扣
Apparel	Weddings & Events	75 折（25% off）
	Women's Clothing	8 折（20% off）
	Men's Clothing	8 折（20% off）
	Apparel Accessories	8 折（20% off）
	Children's Clothing	8 折（20% off）
	Baby Clothing	8 折（20% off）
Automobiles	全部类目	75 折（25% off）
Cell phone	整机	9 折（10% off）
	配件	8 折（20% off）
Computer & Networking	整机	85 折（15% off）
	配件	8 折（20% off）
Electronics	全部类目	85 折（15% off）
Health & beauty	全部类目	8 折（20% off）
Lights	全部类目	8 折（20% off）
Toys & hobbies	全部类目	8 折（20% off）
Watches & jewelry	Jewelry	8 折（20% off）
	Watches	85 折（15% off）
Shoes	全部类目	8 折（20% off）
Luggage & Bags	全部类目	75 折（25% off）
Security & Protection	CCTV products；Key；Alarm	8 折（20% off）
Sports & Entertainment	Outdoor Sports ；Fishing	8 折（20% off）

3. 让买家不仅仅购买活动产品

在限时限量折扣活动时间内，建议店铺内设置好全店铺满立减或者全店铺打折，让买家购买店铺其他产品，提升店铺利润。

特别提示：

① 设置活动之前，针对活动产品做好产品关联推荐，并且配合满立减或者全店铺打折工具，刺激买家更大的消费欲望。

② 在每月月底设置好下月月初的活动，抓住每月活动空当期，收获最大营销效果。在一些长假里，由于会涉及快递公司放假等情况，建议在设置活动之前，做好店铺公告和发货期的调整。

7.2.3 优惠券

店铺优惠券是由卖家自主设置优惠金额和使用条件，买家领取后在有效期内使用的优惠券，可以刺激新买家下单和老买家回头购买，提升购买率及客单价。店铺采用优惠券营销具有如下一些优点。

1. 促进本次消费

让买家先领券再下单，这是非常直接的一种刺激消费的方式。对于新买家下单就是一剂强心针，帮助其下决心购买。

2. 巩固老买家黏度

众所周知，老买家的维护是非常重要的，将店铺优惠券信息发给老买家，作为奖励和回馈，提高回头购买率。

3. 为店铺引流

拿到优惠券的买家，在买家眼中，拿到手的优惠券就是一种财产，不用就会觉得亏了。为了使用这一“财产”，一定会在卖家的店铺中寻找合适的商品，大大增加了店铺中商品的曝光度，提升出单概率。

以速卖通平台为例：三步轻松设置店铺优惠券活动。

（1）如图 7 - 2 所示，登录“我的速卖通”⇒点击“营销中心”⇒在“店铺活动”中选择“店铺优惠券”⇒点击“添加优惠券”。每月总共有 5 个活动，活动开始和结束时间必须在同一个月内，但是可以提前创建下一个月的活动。

（2）填写活动基本信息。活动开始和结束时间表示买家可领取优惠券的时间，买家可使用该优惠券的时间在“优惠券使用规则设置”中的“有效期”设置。例如：如

我的速卖通
产品管理
交易
站内信
店铺管理
帐号设置
营销中心
数据纵横
活动管理
平台活动
店铺活动
活动规则
客户管理
历史客户统计与营销
联盟营销
联盟看板
佣金设置
我的主推产品
添加主推产品
引流报表
店铺优惠券
限时限量折扣
全店铺打折
全店铺满立减
店铺优惠券
添加优惠券
活动状态
全部
2
3
4

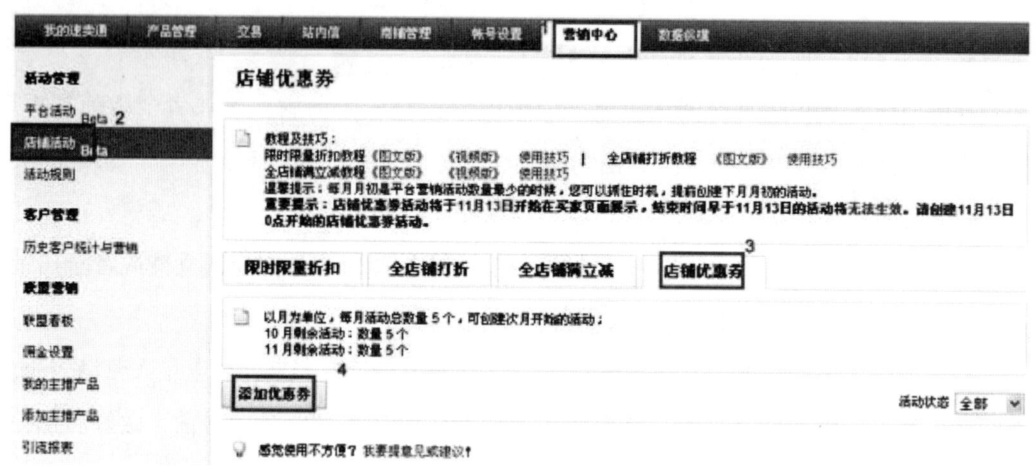

图 7－2　店铺优惠券设置

图 7－3 所示，活动时间为 11 月 13 日—11 月 30 日，有效期为 7 天，买家在 11 月 20 日领取的优惠券，领用后可立即使用，最晚使用日期为 11 月 27 日。

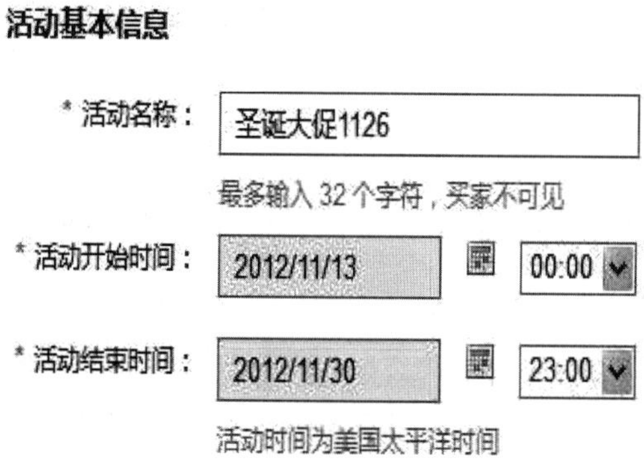

活动基本信息
* 活动名称：
圣诞大促1126
最多输入 32 个字符，买家不可见
* 活动开始时间：
2012/11/13
00:00
* 活动结束时间：
2012/11/30
23:00
活动时间为美国太平洋时间

图 7－3　填写活动基本信息

（3）填写优惠券领取和使用规则。(见图 7－4、图 7－5)

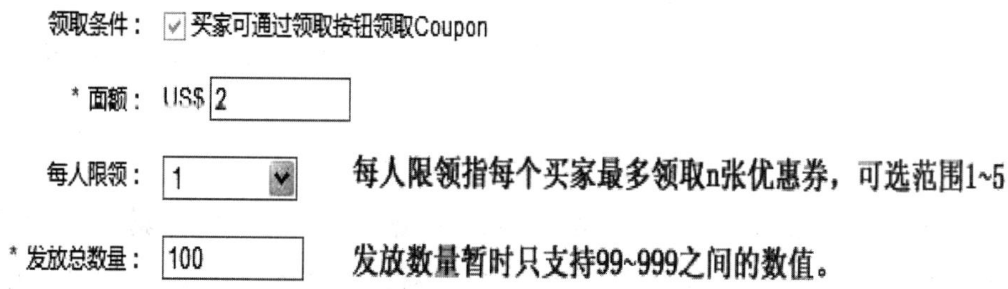

领取条件：
买家可通过领取按钮领取Coupon
* 面额：
US$
2
每人限领：
1
每人限领指每个买家最多领取n张优惠券，可选范围1~5
* 发放总数量：
100
发放数量暂时只支持99~999之间的数值。

图 7－4　优惠券领取规则设置

优惠券类型有两种，它们的使用规则如下：

① 不限制使用条件的优惠券。不限制使用条件的优惠券可以大大提升买家的购买

率，但需要考虑自身可承受范围，面值和数量上可以做一些控制。

② 订单需满足一定条件后才能使用的优惠券。限制使用条件的优惠券，限制条件需要结合自身客单价来设置，条件设置比客单价略高即可。例如客单价为 $ 20，设置条件为 $ 30 是合理的，但设置成 $ 100 就会没效果了。

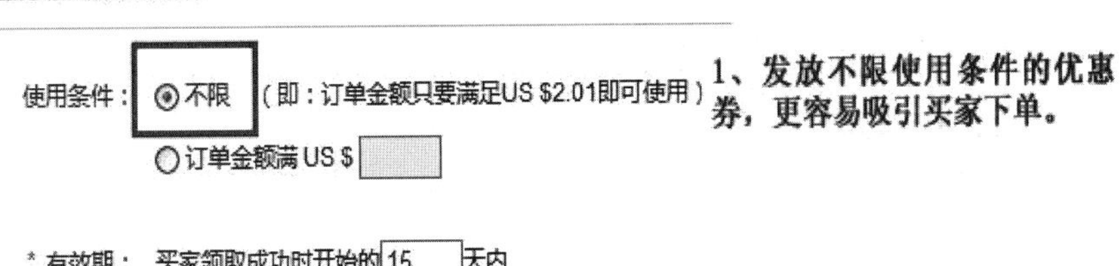
优惠券使用规则设置
使用条件：
不限
（即：订单金额只要满足US $2.01即可使用）
订单金额满 US $
* 有效期：
买家领取成功时开始的 15 天内
1、发放不限使用条件的优惠券，更容易吸引买家下单。

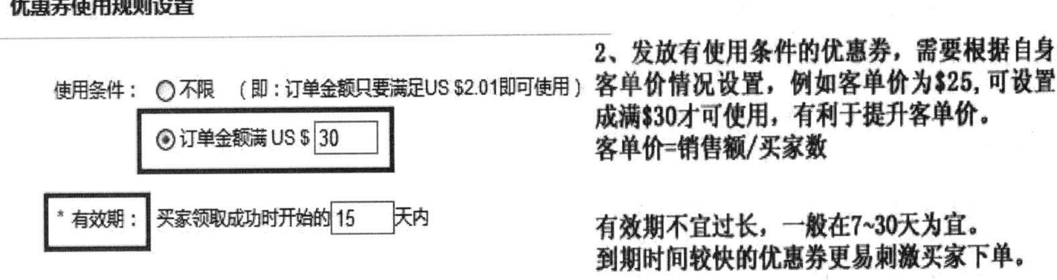
优惠券使用规则设置
使用条件：
不限
（即：订单金额只要满足US $2.01即可使用）
订单金额满 US $ 30
* 有效期：
买家领取成功时开始的 15 天内
2、发放有使用条件的优惠券，需要根据自身客单价情况设置，例如客单价为$25，可设置成满$30才可使用，有利于提升客单价。
客单价=销售额/买家数
有效期不宜过长，一般在7~30天为宜。
到期时间较快的优惠券更易刺激买家下单。

图 7－5　优惠券使用规则设置

7.2.4　满立减

满立减是由卖家在自身客单价基础上设置订单满 $ ×系统自动减 $ Y 的促销规则，是提升客单价的店铺营销工具。具体来说，满立减通常是针对全店铺的商品，在买家的一个订单中，若订单金额超过了设置的优惠条件（满 X 元），在其支付时系统会自动减去优惠金额（减 Y 元）。既让买家感觉到实惠，又能刺激买家为了达到优惠条件而多买，买卖双方互利双赢。优惠规则（满 X 元减 Y 元）由店铺根据自身交易情况设置，正确使用满立减工具可以刺激买家多买，从而提升销售额，拉高平均订单金额和客单价。

不同平台的满立减活动设置大同小异，下面仍然以速卖通平台为例。三步轻松设置全店铺满立减活动。

（1）如图 7－6 所示，登录“我的速卖通”⇒点击“营销中心”⇒在“店铺活动”中选择“全店铺满立减”⇒点击“新建活动”。

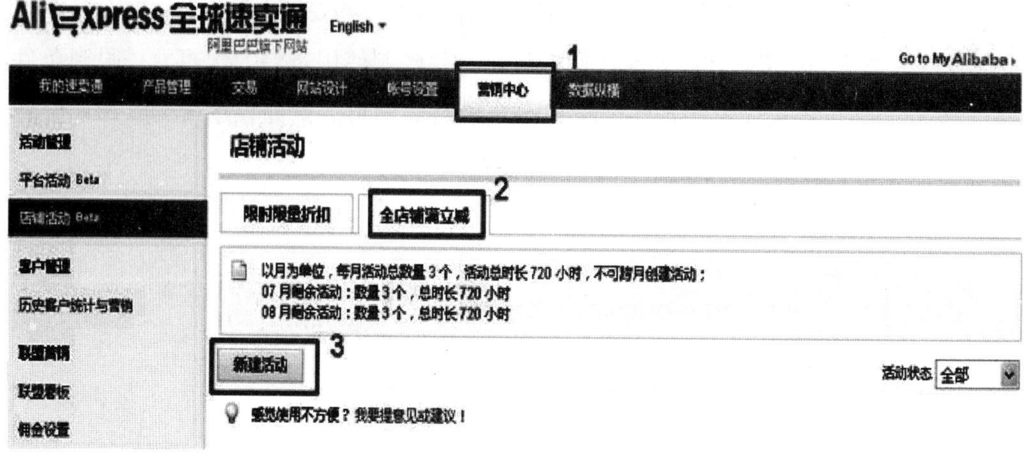

图7－6　满立减活动设置

（2）填写活动基本信息。特别注意：如图7－7所示，时间填写不能跨月，并且需要提前48小时创建活动。

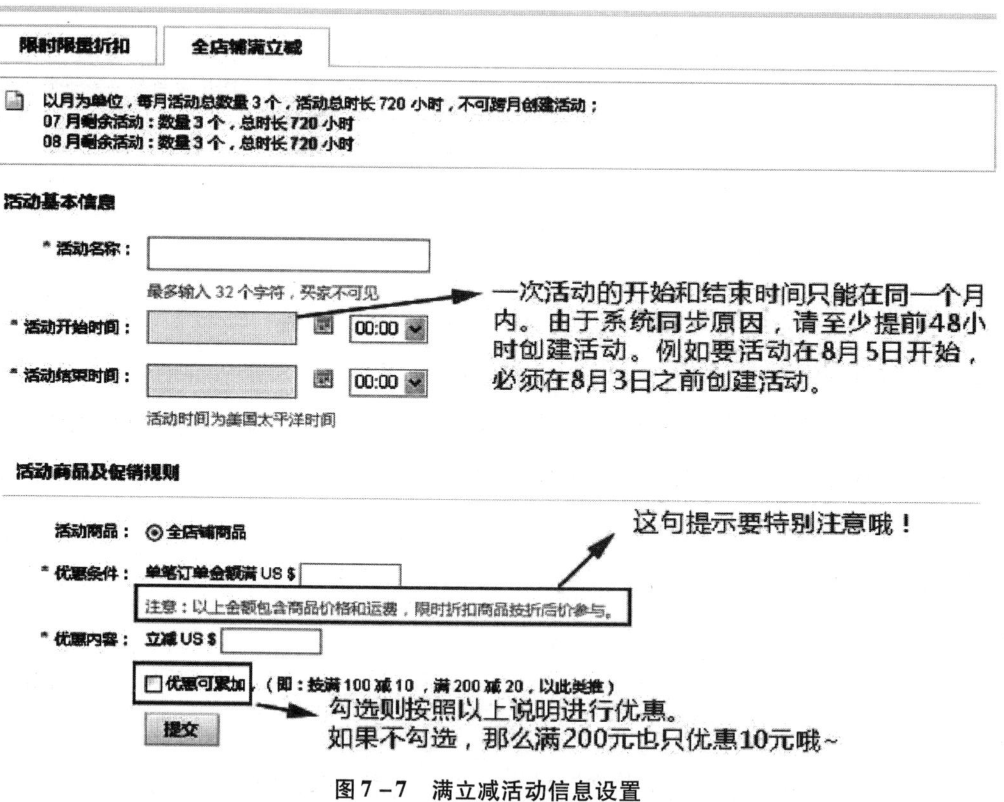

图7－7　满立减活动信息设置

（3）填写促销规则。特别注意：折扣和满立减的优惠是可以叠加的，设置时一定要考虑折上折时的利润问题。

特别提示：

①当活动处于“等待展示”和“展示中”状态时，活动不能被修改。活动开始前的 24 小时将处于“等待展示”阶段。

②与折扣商品不同，满立减活动中的商品仍然可以编辑修改。

7.3 付费营销工具

付费营销工具是平台推出的直接针对买家的宣传营销工具，它通常是平台的专业人员深入研究市场数据后针对性地推出产品的营销策略，通过关键字搜索、媒体竞价等具体方法实现精准营销。目前各平台的付费营销工具主要形式有两种。

7.3.1 联盟营销

通常是指网络联盟营销，也称连属网络营销，是一种按营销效果付费的网络营销方式，即商家（又称广告主，在网上销售或宣传自己产品和服务的厂商）利用专业联盟营销机构（百通联盟平台）提供的网站联盟服务拓展其线上及线下业务，扩大销售空间和销售渠道，并按照营销实际效果支付费用的新型网络营销模式。

联盟营销三要素包括广告主、联盟会员和联盟营销平台。广告主按照联盟营销的实际效果（如销售额、引导数、点击数等）向联盟会员支付合理的广告费用，节约营销开支，提高营销质量。联盟会员则通过网络联盟营销管理平台选择合适的广告主，并通过播放广告主广告提高收益，同时节约大量的联盟营销销售费用，轻松地把网站访问量变成收益。

根据商家网站给联盟会员的回报支付方式，联盟营销可以分为三种形式：

1. 按点击数付费

Cost－Per－Click，CPC。连属网络营销管理系统记录每个客人在连属会员网站上点击到商家网站的文字的或者图片的链接（或者 Email 链接）次数，商家（Merchant）按每个点击多少钱的方式支付广告费。

2. 按引导数付费

Cost－Per－Lead，CPL；有的叫 CPA，Cost－Per－Acquisition。访问者通过连属会员的链接进入商家网站后，如果填写并提交了某个表单，管理系统就会产生一个对应给这个连属会员的引导（Lead）记录，商家按引导记录数给会员付费。

3. 按销售额付费

Cost－Per－Sale，CPS。商家只在连属会员的链接介绍的客人在商家网站上产生了实际的购买行为后（大多数是在线支付）才给连属会员付费，一般是设定一个佣金比例（销售额的10%～50%不等）。

7.3.2 直通车推广

直通车是按点击付费，是能够实现商品精准推广效果的营销工具。它最基本的一个功能就是引流，也就是花钱做广告，让用户看到商家的产品。直通车是精准的营销，与百度的百度推广是一样的，通过给关键词出价，让其排在好的用户看得到的位置，然后点击，这样引来流量，进而完成成交。

使用直通车工具的步骤如下：

1. 准备好产品

使用直通车通常是针对这两类产品：（1）已有的明星产品，为了进一步提升销量而开直通车；（2）新出的质量较高的新品，通过直通车可以快速测试产品市场反应，打开市场。

2. 准备好关键词

可以从热搜词词表、飙升词词表中，按转化率或者点击率降序，筛选出与产品相关性高的关键词，如图7－8所示，或者从客户页面搜索框中摘取联想词。

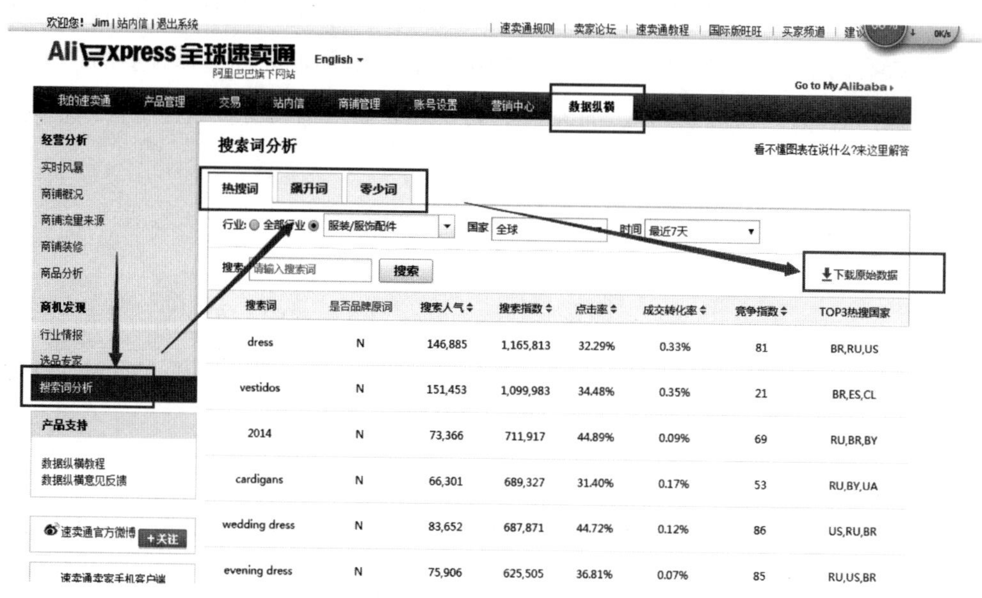

搜索词	是否品牌原词	搜索人气	搜索指数	点击率	成交转化率	竞争指数	TOP3热搜国家
dress	N	146,885	1,165,813	32.29%	0.33%	81	BR,RU,US
vestidos	N	151,453	1,099,983	34.48%	0.35%	21	BR,ES,CL
2014	N	73,366	711,917	44.89%	0.09%	69	RU,BR,BY
cardigans	N	66,301	689,327	31.40%	0.17%	53	RU,BY,UA
wedding dress	N	83,652	687,871	44.72%	0.12%	86	US,RU,BR
evening dress	N	75,906	625,505	36.81%	0.07%	85	RU,US,BR

图7－8 热搜词选取

3. 新建推广

首先充值，然后新建推广，如图 7 – 9 所示。后面根据提示，完成以下步骤：（1）推广计划名称；（2）选择产品；（3）选择系统推荐词；（4）添加关键词和联想词；（5）修改关键词出价：逐个审视关键词的相关性，进行逐个出价。相关度高，要敢于出价；相关度差，要谨慎出价或删除。

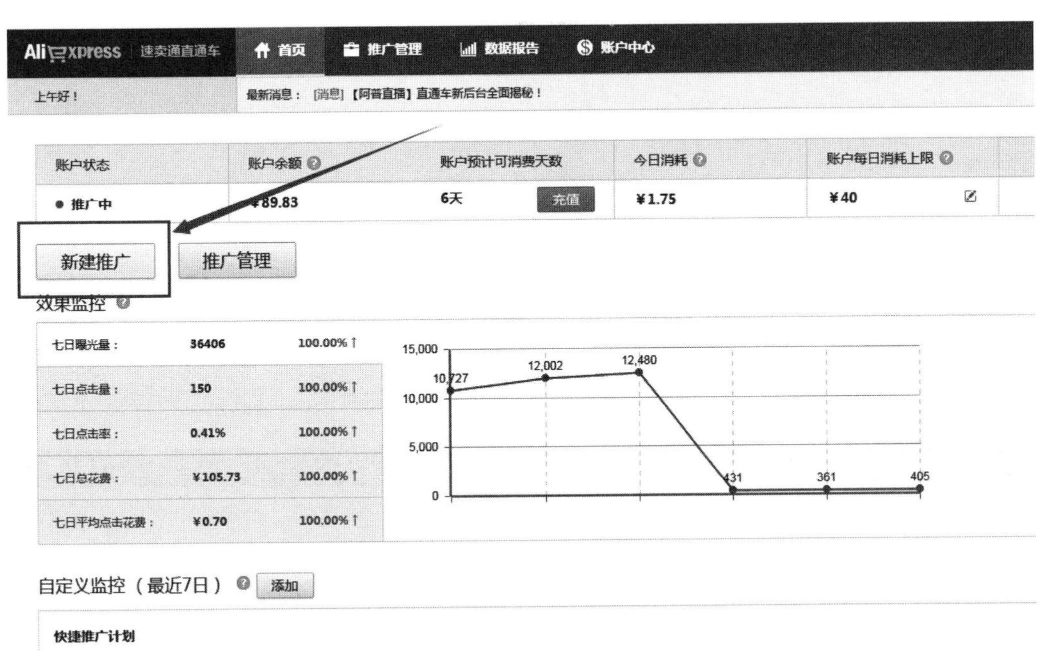

图 7 – 9 新建推广

4. 优化调整

设置好后同时打开直通车首页和实时风暴首页。看实时风暴中开车产品是否有访客，如图 7 – 10 所示，有访客后再看扣费情况。观察一段时间，看消费额是否符合自己的预算。高峰期最适合观察。通过跟踪观察词的曝光、点击情况以及用户的行为，优化调整关键词。一般规则如下：

（1）曝光高，点击率低——搜索量大但相关度一般，建议不动。

（2）曝光低，点击率高——相关性高，这种词价格便宜，保留并可考虑提价。

（3）曝光低，无点击——废词，可以更换。

（4）点击率高，价格高——保留，降价。

5. 新建重点推广

将最受欢迎的产品转入重点推广，如图 7 – 11 所示。

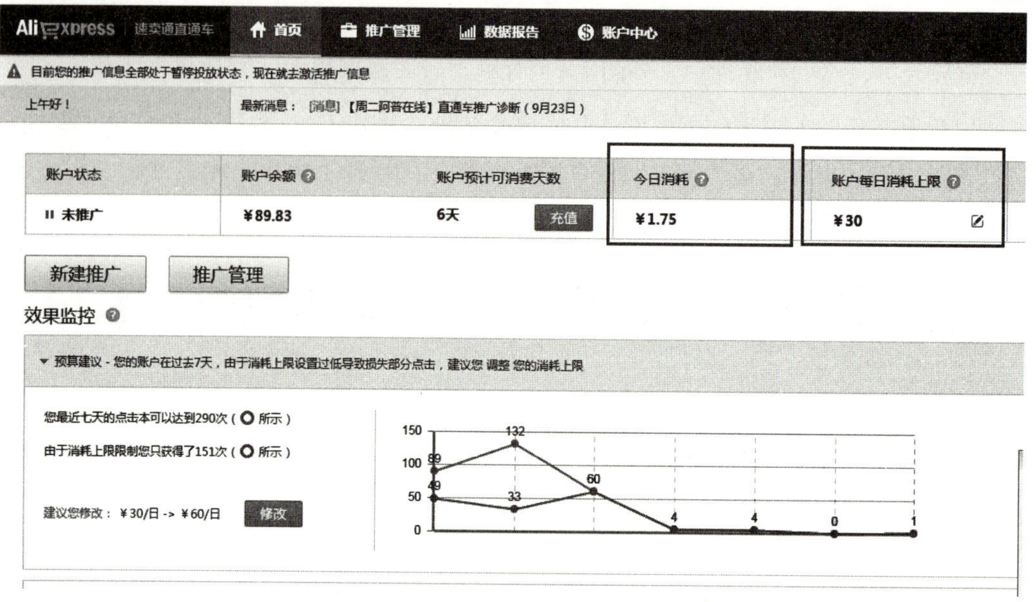

图 7 – 10　实时推广情况图

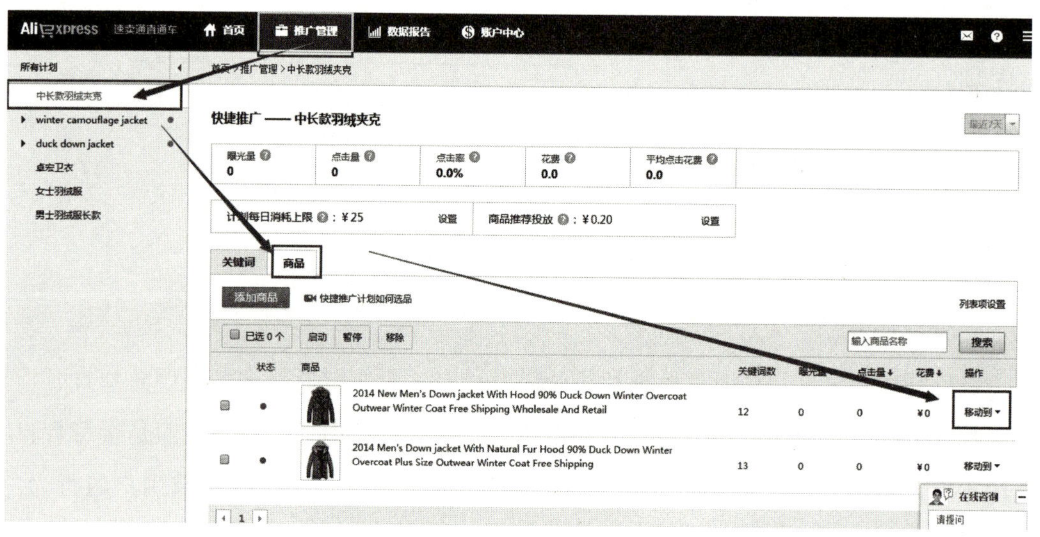

图 7 – 11　转入重点推广

7.4　平台活动

平台活动是各个交易平台面向卖家推出的免费推广服务。它通常是在特定行业、特定主题下的产品推广活动。每一期活动都会在相应平台的“营销中心”频道中进行招商。商家可以用符合招商条件的产品报名参选，一旦入选，其产品就会出现在活动的发布页面，获得推广。使用平台活动可以曝光商品，获得流量，提高转化率。但是，平台活动一般设置的门槛较高，获得参与平台活动的机会相对较少。

下面以速卖通平台为例，讲授平台活动的类别以及参与技巧。

7.4.1　平台活动类别

1. 常规活动

常规活动是平台日常举办的主题活动，在速卖通平台有 super deal、俄罗斯团购、巴西团购等。

2. 行业主题活动

针对一些专题的平台活动，如童装、母婴产品的活动。

3. 平台大促

不同的平台每年会定期不定期的举办平台大型活动，比如速卖通平台会在每年在 3、8、12 月有大规模的平台大促。

4. 品牌馆活动

平台的一些知名品牌有时会和平台联合举行一些品牌馆活动。参与品牌馆活动，首先要符合平台要求的规则，比如品牌要求、产品质量证明等。

7.4.2　参与平台活动需要注意的事项

1. 时间问题

平台活动通常都会有较为严格的时间先后顺序要求。比如，招商时间为 5 月 4 日到 6 日，展示时间则为 5 月 9 日到 12 日。先到先得。

参与技巧：建议每天查看活动更新，平台一般会在下午 5 ~6 点更新活动。

2. 报名产品和招商目的不符

在参加平台活动时要注意报名的产品要与招商的目的一致，否则会造成错误乃至浪费。比如，参加巴西团购平台活动，参加之后才发现自己的产品运费模板无法到达巴西。

3. 价格优势

参加平台活动时价格的影响一般不大，但是，如果可以适当体现一些价格优势，则会使平台活动的效果发挥得更好。

4. 报名产品信息不完整

参与平台活动时，一定要将报名产品的信息填写完整，尤其是参加活动要求的信息，比如商品的好评率等。

7.4.3 平台活动技巧总结

（1）确定活动对产品和店铺的要求：不同的活动对店铺好评率、产品销量、商品评分要求是不同的，要严格按照活动要求参加活动，不然就是浪费平台资源了。

（2）商品应季，重视评价：商品是否应季，3.25 针对夏装，8.19 则是秋装和圣诞款式，活动报名价格，好评率款式是否符合活动对象的审美习惯，价格是否能够被接受，好评率低于94%会很危险。

（3）包邮问题：俄罗斯团购和巴西团购如果免邮，被选上的概率会比较大。要有历史销量数据，商品详情页页面要整洁，尺寸要清晰，不该出现的中文字要清除干净。

7.5 SNS 营销

SNS，全称 Social Networking Services，即社会性网络服务，主要作用是为一群拥有相同兴趣与活动的人建立线上社区，旨在帮助人们建立社会性网络的互联网应用服务。这类服务往往是基于网际网路，为用户提供各种联系、交流的交互通路，如电子邮件、即时消息服务等。此类网站营销通常通过朋友，一传十十传百地把网络展延开去及其类似树叶的脉络，也被称作“病毒营销”。

SNS 社区在中国快速发展时间并不长，但是 SNS 现在已经成为备受广大用户欢迎的一种网络交际模式。SNS 营销，是随着网络社区化而兴起的营销方式。利用 SNS 网站的分享和共享功能，通过病毒式传播的手段，让产品被更多的人知道。

不同的国家与地区对 SNS 营销使用的社交推广方式不尽相同，下面以巴西为例，介绍 SNS 营销的使用情况。

7.5.1 巴西的 SNS 营销情况

1. SNS 在巴西当地的使用频率

世界前五的国家阿根廷、巴西、俄罗斯、泰国、土耳其。巴西是第二活跃的社交网络国家，远远高于世界平均水平。

2. 巴西当地主要的几大 SNS 推广方式

巴西人对许多社交网络方式都有涉及，其中 Facebook 和 Youtube 占据了 80% 左右的市场。

3. 应用案例——Netshoes

巴西最大体育电商 Netshoes 在 YouTube 上就做了很好的运营，在 YouTube 上吸引了众多关注者，并有定制的品牌频道。因此，做相关时尚潮流的服装、鞋业等商品的店铺，关注 YouTube 对引流很有帮助。

7.5.2 巴西社交网络介绍

1. Facebook

Facebook 速卖通巴西站公共页拥有团购入口，可以推荐平台活动、优秀的卖家以及展示买家秀（对买家秀要有回复，好的还可以分享）；卖家还可以在主页的粉丝展示中加好友。

那么作为卖家的公共页，通过设置简介、传照片，以及设定明确的主题营销内容，就可以进行很好的推广；还有分享事件营销，以及买家秀互动营销。

2. YouTube

YouTube 在巴西是第一大视频来源，第二大搜索引擎，覆盖率高达 71%。许多巴西零售商都将 YouTube 的首页访问者作为目标受众群体，意味着一天内向 2400 万用户传达卖家的品牌信息。同时，巴西知名球队对 YouTube 的参与度也很高，对于巴西这个足球王国来说，是非常具有向导性的。

3. Instagram

在 Instagram 上进行图片营销是一个非常好的渠道，将自己的一些好产品进行实拍，另外也可以引导买家进行买家秀。

4. Modait

巴西人开放，爱分享，喜欢看别人的购买评论，喜欢买朋友推荐的服装。Modait 就是巴西信息流分享的一个平台。

7.5.3 SNS 推广小技巧

SNS 推广需要花一定精力去运营，相当讲究一些技巧。这里介绍三个小技巧给卖家参考。

1. 增加好友技巧

通过购买市面上的邮箱导入好友；购买红人粉丝店铺产品：并分享该产品，反向加强自身账号的影响力；进行同等量级账号交换好友。

2. 阶段性推广分为以下四个阶段

（1）店铺发布初期：提高访问量，促成转化发生。

（2）店铺增长期：总结各项渠道，流量以提升转化率为目的。

（3）店铺稳定期：稳定销售额（本身产品有自然生命周期会出现下降）。

（4）店铺突破期：突破瓶颈，提升销售额。

3. 重点商品推广

通常大于100美元的订单决定了店铺的销售额，因此网站广告引流和营销重点应该是大于100美元的客户和潜在客户。SNS+CRM营销，将100美元以上的老客户加入SNS群，加黏度，对之前阶段性推广有关键性作用。

第 8 章　发货与纠纷处理

学习目标

通过本章相关知识的学习，学生应掌握跨境电商网店出货的流程，能够及时正确地出货，了解和掌握跨境电商客户服务的特点及工作内容，能正确处理纠纷。

重点难点

本章重点是掌握出货流程，难点是掌握跨境电商客服的工作技巧，并能正确处理纠纷。

8.1　发货流程

8.1.1　发货流程

店铺的营销推广是为了客户能够下单，但真正影响店铺信誉和服务等级的是好评率，而及时正确地发货是获得客户好评的重要因素。订单处理一般可分为以下几个步骤：

订单登记—订单确认—单据打印—拣货配货—校验出库—物流配送

1. 订单登记

买家已经下单并付款，但可能还没有通过风控审核，这个时候可以先登记订单进入订单处理流程。未付款的订单属于客户催付的范畴，只有付款成功的订单才进入订单流程。

2. 订单确认

主要内容是确认买家所购买的货物是什么，是否有货，有货的话，须确定买家的联系方式、地址、物流选择。缺货的话，须反馈给客服，与客户沟通解决。

3. 单据打印

订单确认无误后，即可按公司的出货流程，以及所选择的物流方式打印对应的单据，包括发货标签和商业发票等。

4. 拣货配货

按照订单的内容，去仓库选捡相应的货物。一般情况，在这一步同时把产品打包好。如果买家购买了多个产品，按照他们的需求及物流方式来配货，比如拆成几个包裹分别走小包运输，或是一起发 DHL 等商业快递。

5. 校验出库

校验出库环节非常重要，是最后一道关卡，作为保险防止之前的工作出现错误。此步骤需检查订单、单据、货物质量等各方面是否存在问题。

6. 物流配送

在校验环节没出问题，客户方面也没有任何问题后，就可以将货物发给物流公司或物流公司指定的仓库了。

8.1.2 发货的具体工作

发货分线上发货和线下发货，线上发货就是走平台给出的物流渠道，把货发往平台物流渠道所指定的仓库即可；线下发货就是卖家自己找货代或物流公司出货。（见图 8－1）

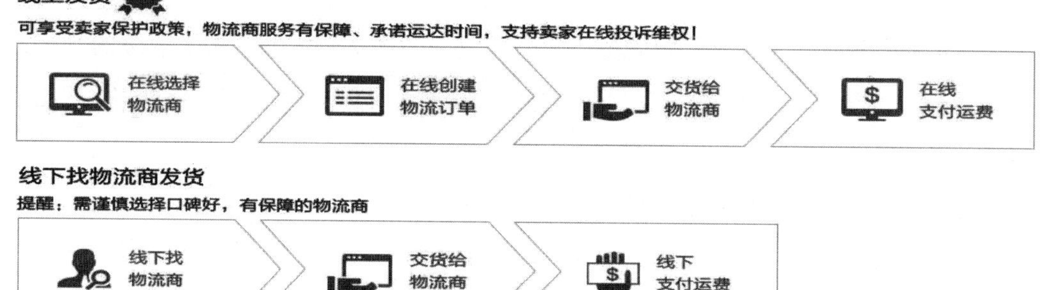
线上发货和线下发货有什么区别？查看详情
线上发货
推荐
可享受卖家保护政策，物流商服务有保障、承诺运达时间，支持卖家在线投诉维权！
在线选择物流商
在线创建物流订单
交货给物流商
在线支付运费
线下找物流商发货
提醒：需谨慎选择口碑好，有保障的物流商
线下找物流商
交货给物流商
线下支付运费

图 8－1

1. 线上发货步骤

对待要发货的订单，点击发货。（见图 8－2、图 8－3）

进入订单，点击线上发货。

跳转页面后，点击修改。（见图 8－4）

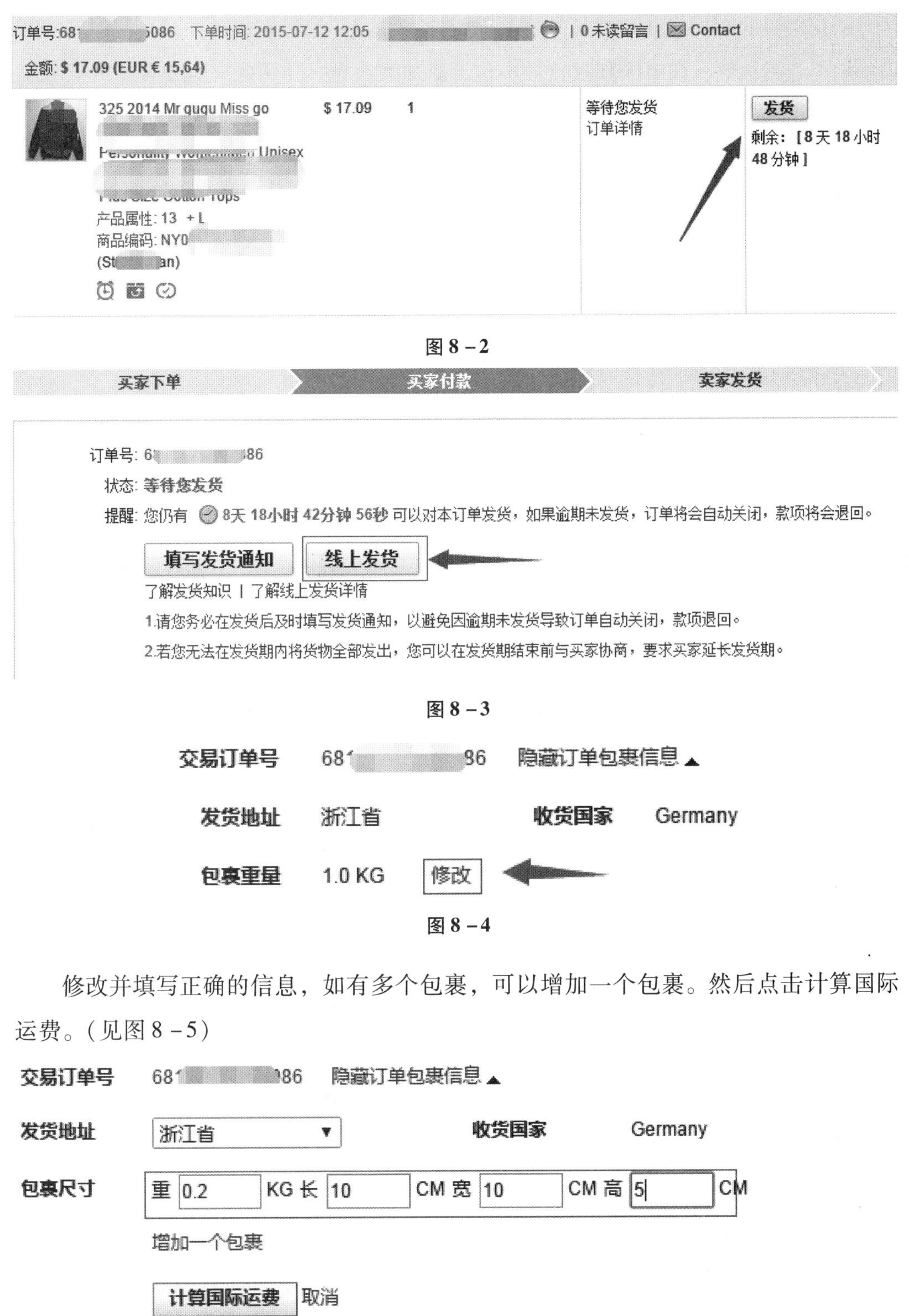

图 8－2

图 8－3

图 8－4

修改并填写正确的信息，如有多个包裹，可以增加一个包裹。然后点击计算国际运费。（见图 8－5）

图 8－5

根据包裹的实际信息和买家的要求进行选择。如买家没有时效要求，可以选择邮政小包类进行运输，如中国邮政挂号小包、新加坡小包。如买家有时效要求并且愿意支付快递费用，可以选择快递类进行运输，如邮政快递 EMS、国际快递 FedEx 等。(见图 8 –6)

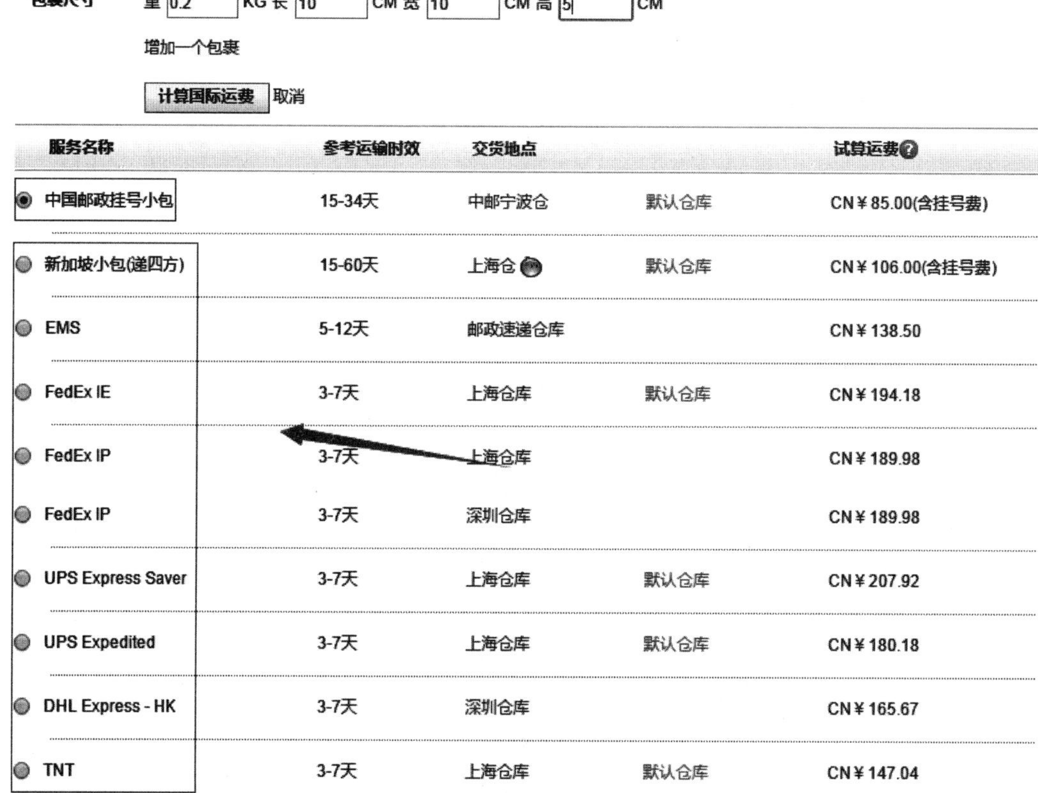

交易订单号 68 86 隐藏订单包裹信息
发货地址 浙江省 收货国家 Germany
包裹尺寸 重 0.2 KG 长 10 CM 宽 10 CM 高 5 CM
增加一个包裹
计算国际运费 取消
服务名称 参考运输时效 交货地点 试算运费
中国邮政挂号小包 15-34天 中邮宁波仓 默认仓库 CN¥85.00(含挂号费)
新加坡小包(递四方) 15-60天 上海仓 默认仓库 CN¥106.00(含挂号费)
EMS 5-12天 邮政速递仓库 CN¥138.50
FedEx IE 3-7天 上海仓库 默认仓库 CN¥194.18
FedEx IP 3-7天 上海仓库 CN¥189.98
FedEx IP 3-7天 深圳仓库 CN¥189.98
UPS Express Saver 3-7天 上海仓库 默认仓库 CN¥207.92
UPS Expedited 3-7天 上海仓库 默认仓库 CN¥180.18
DHL Express - HK 3-7天 深圳仓库 CN¥165.67
TNT 3-7天 上海仓库 默认仓库 CN¥147.04
当前展示默认仓库选项，点击查看所有仓库

图 8 –6

提交信息后，到跳转页面填写国内快递信息，注：国内快递信息是因为在线发货要把包裹寄到平台的收货仓库。仓库地址信息要写在国内快递面单上。根据页面提示，填写申报信息后提交。(见图 8 –7)

这些操作结束后，快递和小包会有一点小差别。小包操作结束后可以做两个操作。填写发货通知和打印发货标签。这是由于小包一提交就会有国际跟踪号返回，可以填写发货通知。而快递是要包裹到了收货仓库后，仓库才会给出国际快递单号。（见图8 –8)

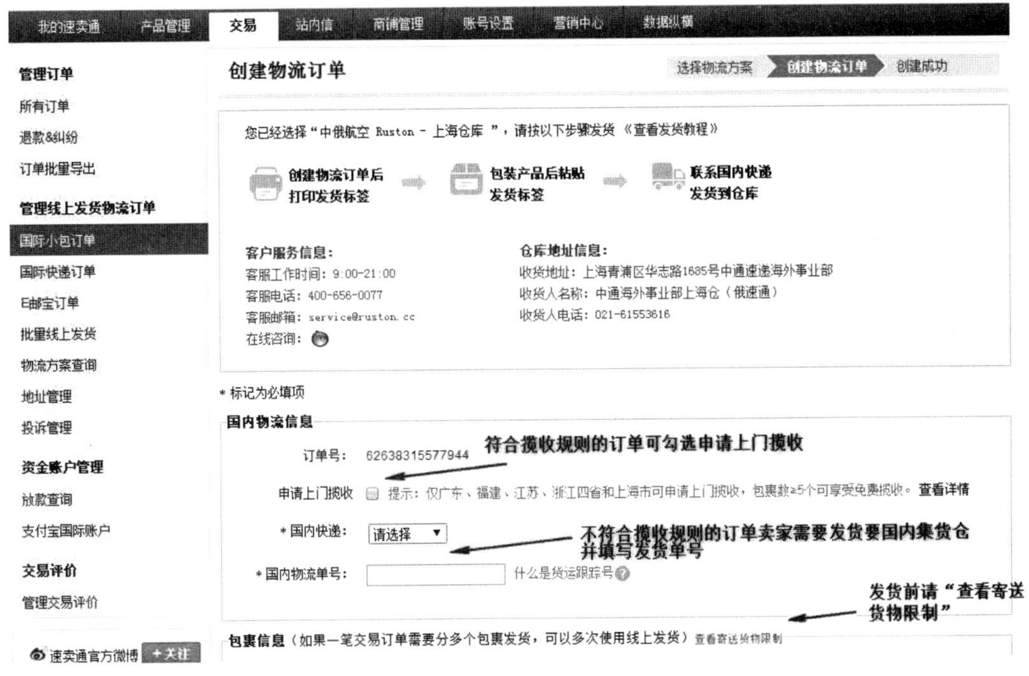

图 8－7

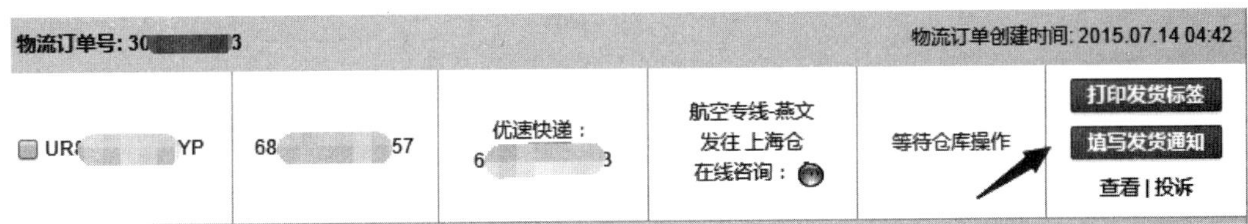

图 8－8

注：平台会在收到包裹后给出费用结算，并在付费后自动发出包裹给客户。

2. 线下发货

线下发货相对简单，根据和货代的协定进行打包和贴上辨识内容，然后把包裹交给货代。费用也可以和货代自由协商。

8.2　客户服务

与客户沟通不顺畅是在线访客不能转化为订单的关键因素。作为电商企业营销的“临门一脚”，沟通环节在交易达成之前发挥着重要的作用。与传统贸易相同，跨境电商的客户服务也特别强调时效性和完整性。

8.2.1 跨境电子商务沟通的特点

1. 无法预知竞争

在传统贸易中，我们可以和自己的对手做更多的交流，与对方进行比较，能够比较清楚地看到自己的不足和对手的实力。但是在速卖通这样的 B2C 平台上，成千上万的卖家每天在自己的店铺里进行各种操作，往往无法及时对出现的新商情做出反应。其实你在效仿或跟风的同时，已经是慢人一步了。

2. 终端消费者居多

这是由于电子商务零售平台的特点决定的。我们的客户是有网上购物经验，或者愿意尝试网购的广大消费者，他们购物的目的很简单，即自己购买使用，因此对产品的质量及价格的要求与传统贸易会有不同，在询盘沟通中应该抓住客户的群体特征。

3. 更加注重人性化服务

以人为本是电子商务交易沟通的“生命线”。随着竞争的日益激烈，我们往往不是在拼价格、拼质量，而更多的是在拼服务。所以要提供最人性化的服务，从最初的询盘，到最后的下单，每一步都时刻关注着客户的心情、要求及顾虑。

8.2.2 售后服务的具体工作

1. 客户咨询信息处理

客户会通过各种交流方式进行产品的相关咨询，如一些平台会提供站内信、留言，有一些平台提供的是邮件，还有一些平台会提供更加即时的交流方式，如即时通读软件。客服所要做的就是针对客户提出的各种问题进行回答处理，并且进行分类汇总。

这其中大致可以分为这么几个情况：

（1）收件信息更改，客户下单了，但是收件人姓名或者地址要求更改。

（2）产品更改，比如客户下单买的绿色产品，考虑了一下想要红色了，这时候也会要求更改。

（3）货运方式更改，比如客户本来选择的是邮政小包，可是突然想要早点收到，这时候会来要求更改成快递。当然，这其中还涉及运费的补偿。

原则上对于客户的要求，我们都是要满足的，但是，如果包裹已经寄出，就另当别论了。

所有的这些要求是要在统计备注给发货人员的，并且还要统计出针对一些产品客户提出的共性问题，这个是要在以后的产品优化时做进产品描述的。

2. 物流信息及时反馈

发货后通过可以联系客户的各种方式告诉客户包裹已经寄出、采用何种物流方式、物流跟踪方式，定期反馈物流情况，减轻客户的物流担忧，把可能的纠纷消灭在萌芽之前。

3. 管理买家资料

对客户信息进行登记，并与之前的客户信息做对比，判断客户是否是重复购买客户。对重复购买客户进行分级，按不同的购买频次或购买金额，分成多级。

4. 客户维护与二次营销

经过分级整理好的客户资料，要及时进行补充更新。对于高级客户要定期进行跟踪回馈，做好二次营销。把 80% 的精力集中在 20% 的高级客户上，积累高级客户，激活休眠客户是客户维护的主要内容。

8.3　中差评的原因分析与处理

8.3.1　预防中差评

网上购物最吸引人的就是便宜或折扣，但买家如果买的东西没有满足自己的要求或达到预想的效果，就很可能给卖家以中差评，按大多数平台的规则，中差评都会给买家不好的影响。因此，卖家首先要预防中差评。

1. 严把商品质量关

“以质量求生存”不是一句口号，产品的质量关系到卖家能否长期生存和发展。产品质量太差，得不到消费者的支持，就很难在网上立足。这就要求卖家进货的时候一定要把好关。如果质量有问题，一开始就不能发货。同时，在发货的时候再检查一遍，保证货物的包装等没有问题。

2. 关于色差问题

现在很多卖家都是用杂志或其他网站或厂家提供的模特图片，而不去拍实物图，造成图片失真，由此产生纠纷。买家无法看到实物，因此图片成了买家判断商品外观的重要依据。图片应尽量与商品接近，商品描述要全面客观。同时，在颜色写上“模特图可能有色差，对颜色敏感者慎拍”字样。

3. 良好的售后服务

接单并不是一个业务的结束，而是真正服务的开始。当买家下单后，卖家应尽快发货，发货后把快递单号和物流信息查询方式告知买家。如果中间买家有什么疑问，应尽快答复，让买家感到自己是被重视的，卖家是很负责的。

4. 分析买家类型，区别对待

在交易前，可查看下买家的信誉度，买家对别人的评价以及别的卖家对买家的评价，再综合各类买家的不同特点区分对待。

8.3.2　中差评的原因分析

1. 商品图片与实物的差异

有时候为了使自己的产品看起来比较吸引眼球，卖家会在图片处理上或多或少添加一些产品本身没有的效果。这样就会给客户一个美好的心里预期，让他们满怀期待地等待。然而，一旦收到实物后感觉与图片的差别过大，买家就会非常失望，他们通常会在第一时间询问，为什么在颜色或者形状上有差别 。

此时必须警惕，因为收到货物的 30 天内，买家可以进行评价，并且在未确认收货之前，买家还可以对自己不满意的订单提起纠纷退款。对于这类的投诉，卖家要更加主动地去解释。提供原有的图片，如果只有因小部分的修图处理造成的色差，合理的解释还可以赢得客户的信任，而且在这个过程中要多表现自己对买家的重视，适当给予下次订单的优惠和折扣。真诚的道歉可以将小事化了，向买家争取好评。

卖家在上传产品图的时候可以上传一些多角度的细节图，或者可以放上一张没有修图处理过的照片上去，尽量让买家有全面的视觉印象，避免不必要的投诉和差评。

2. 标题写了 Free Shipping，却需要承担部分运费或其他费用

很多卖家为了吸引买家下单，都会在标题中写上“Free Shipping”，但很多卖家的运费模板设置的并不是全球包邮，这样那些设置需要交运费的国家就会有争议，因为标题是免邮费的，却需要缴纳部分运费。另外，一些国家的进口政策也会导致额外的费用。比如，美国高于 500 美元申报价值的货物，就要按照重量收取进口关税；加拿大和澳大利亚则是高于 20 美元的货物要收取关税；英国、德国等欧洲国家货物的申报价值必须是在 20 ~ 25 美元，一旦超出将会有更多的关税产生，买家必须支付关税后才能拿到货物。比如，买方留言如下：

Why I should pay 25 pounds for the package, you told me that was free to ship, how could you 1ie to me? I am very disappointed.

还有一些比较极端的客户会因为需要支付额外的费用拒绝签收。这些都是潜在的差评和纠纷，因此我们在发商业快递的时候，要注意填写的申报价值，对于货值很高的快件，要提前和客户沟通好。

3. 信用卡账户有额外的扣款显示：Aliexpress Charge

速卖通平台针对买家的支付不收取费用，但有时客户信用卡账户上显示 Aliexpress Charge。建议买家联系他的银行，问清是否需要支付手续费。如果买家通过 T/T 转账，银行端一般需要收取一定的手续费。

8.3.3　中差评的处理

1. 由于质量问题产生的差评

对于单纯由于质量问题产生的差评是比较好解决的。首先，收到差评之后及时和买家联系，询问一下对产品不满意的具体原因。在此基础上，让买家提供相应的照片。此外，卖家要回到自己的出货记录中查找相同时间内其他产品的反馈，分析一下库存中的货物质量。如果确实存在买家反映的问题，应及时积极解决。通过退款或换货的方式，让买家满意并且修改评价。

2. 由于买家个人使用不当导致的差评

那么对于因买家个人使用不当导致的差评问题，又该如何解决呢？如果在沟通调查中发现是由于买家个人使用不当而给的差评，有两种解决方法：如果以消除差评为主要目的，就应该和买家仔细解释为什么会出现这样的质量问题，到底在使用操作过程中存在哪些不正确的地方，最后和买家商量以何种方式可以使其满意并修改差评。如果是由于买家个人原因导致的质量问题，可以选择差评回复，并附上产品的使用说明及事项，也是一种中差评营销。这种方法可能是大多数卖家在无法消除的差评时不得不采取的方法 。

建议卖家根据各自的行业准则、从业经验总结出各自产品的配套小贴士，可以打印出来在公司广告页上随包裹一起送出，凸显人性化服务。

3. 由于买家在下单前的细节要求没有得到满足产生的差评

有很多买家在下单之初，就在订单下面留言说这是为了我的婚礼准备的，请你不要让我失望，等等。遇到这样的订单，首先应该交代出货的人员，特别注意该订单的质量和包装。其次，如果这个客户买了一个非常便宜的产品，但是从询盘的态度上又可以看出他很期待，这种情况下为了避免差评，应该要考虑亏一点成本去满足这个客户的心理预期，避免一些不必要的差评。

8.4 跨境电子商务业务纠纷类型

8.4.1 买家未收到货物

1. 海关扣关

即交易订单的货物由于海关要求所涉及的原因而被进口国海关扣留，导致买家未收到货物。海关要求所涉及的原因包括但不限于以下几点：

- 进口国限制订单货物的进口。
- 关税过高，买家不愿清关。
- 订单货物属假货、仿货、违禁品，直接被进口国海关销毁。
- 货物申报价值与实际价值不符导致买家须在进口国支付处罚金。
- 卖家无法出具进口国需要的卖家应提供的相关文件。
- 买家无法出具进口国需要的买家应提供的相关文件。

货物被进口国海关扣留时，常见物流状态为：

handed over to customs（EMS）；

clearance delay（DHL）；

Dougne（法国，会显示妥投，但是签收人是 Dougne）。

卖家在纠纷裁决中需要做的：

速卖通在接到纠纷裁决之日起 2 个工作日内会提醒买家和/或卖家 7 天内提供海关扣关的原因信息和证据，根据信息和证据确定责任进行裁决。卖家在货物发出之后及时关注物流情况，出现异常时与买家和物流公司保持沟通，及时了解扣关原因并尽可能提供相关信息及证据。

卖家需要承担的风险：

若因卖家原因导致货物被海关扣关且买家无法取回货物，则货物可能会被海关销毁或者没收，且货款会全额退给买家。

建议：卖家在选择货品及发货之前充分了解海关相关政策，发货之后及时关注货物物流状态。

2. 物流状态显示货物在运输途中

交易订单的纠纷提交时，包裹在物流公司官方网站的物流追踪信息介于“收寄”和货物“妥投”之间的情形，包括但不限于以下几种情形：离开中国、发往某地、到达××邮局、未妥投。

卖家在纠纷裁决中需要做的：

这种情况下要跟买家沟通，先关闭纠纷。可以帮他延长收货时间，因为很大一部分客户是怕自己的利益不能得到保障而提起的纠纷。卖家须提供物流底单、物流信息截图、妥投证明等能够证明物流状态的证据。

卖家需要承担的风险：

（1）卖家选择使用航空大/小包时，当买家以未受到货提交纠纷时，卖家会因航空包裹的货运跟踪信息不全而承担全部风险；

（2）若因为妥投问题产生的纠纷，卖家无法提供妥投证明，可能会导致相应的损失。

建议：

（1）建议卖家正确选择物流方式，以减低货运跟踪信息不全的风险；

（2）货物是否妥投，应根据物流公司官网上显示的追踪信息，根据国家、城市、邮编、时间、签收人等情形进行综合判断；

（3）当物流出现问题所致的纠纷，卖家应该向物流公司索赔。

3. 包裹原件退回

交易订单的货物因为买家收货地址有误/不完整无法妥投或因买家原因无法清关，导致包裹被直接退回给卖家。

卖家在纠纷裁决中需要做的：

从速卖通通知卖家举证开始 3 天内，卖家须提供因买家原因导致包裹不能正常妥投的证明，证明的形式可以是物流公司的查单、物流公司内部发出的邮件证明、与买家的聊天记录等。

卖家需要承担的风险：

（1）若卖家限期内不能证明是买家原因导致的包裹退回，则操作全额退款给买家；

（2）若经核实，卖家填写错了买家收货地址，不补偿运费；

（3）包裹未显示出境即被退回，无须等待卖家收到货，即可操作全额退款，建议卖家与物流联系。

4. 包裹被寄往或妥投在非买家地址

由于卖家填写错了买家的收货地址，或邮局误将包裹寄往了非买家地址，导致买家无法正常地签收包裹。

卖家在纠纷裁决中需要做的：

从速卖通通知卖家举证开始，3 天内提供发货底单及买家要求修改收货地址的沟通记录。若底单上的地址与买家的收货地址不一致，且卖家无法提供证据证明买家要求修改收货地址，即可判定卖家发错地址。

若最终判定为卖家发错地址，建议卖家先尝试与物流联系，更改买家收货地址。若更改后买家收到货物，则全额放款；若无法更改或更改后买家还是未收到货物，建议卖家联系物流取回包裹。

卖家需要承担的风险：

若因卖家或者物流原因导致买家未收到货物，或者卖家逾期无法提供有效证明且买家也未收到货物，订单金额会全额退给买家。

建议：卖家货物发出前核查收货地址，确保地址正确；货物发出后及时关注物流状态，遇异常情况及时主动与买家和物流公司沟通并尽快解决。

5. 物流显示货物已经妥投

物流信息显示货物已经妥投，但是买家以未收到货提起了退款申请，并且未与卖家达成一致意见，提交到速卖通进行裁决。

卖家在纠纷裁决中需要做的：

从速卖通通知卖家举证开始3天内卖家须提供货物妥投的证明（物流公司的物流信息截图、妥投证明等）。

卖家需要承担的风险：

若卖家逾期无法提供有效证明且买家确认未收到货物，或者因为物流公司导致买家未收到货物，订单金额会全额退给买家。

建议：卖家货物发出前核查收货信息，确保信息正确；货物发出后及时关注物流状态，遇异常情况及时主动与买家和物流公司沟通并尽快解决。

6. 物流信息查不到或者异常

卖家在速卖通针对交易订单填写的运单号在物流公司的网站查不到物流信息，或者物流信息与买家收货地址不符，如买家收货地址在美国，但运单号的对应物流信息显示货物被寄往俄罗斯。

卖家在纠纷裁决中需要做的：

从速卖通通知卖家举证开始3天内，卖家须提供正确运单号、发货底单等物流证明以供核查。

卖家需要承担的风险：

若卖家提供证明无效/逾期未提供且买家未收到货物，或者因为物流公司原因导致买家未收到货物，则订单金额全额退给买家。

建议：卖家货物发出前核查收货信息，确保信息正确；货物发出后及时关注物流状态，遇异常情况及时主动与买家和物流公司沟通并尽快解决。

7. 买家拒签

买家拒签包括有理由拒签和无理由拒签。有理由拒签，即当货物递送至买家（包括买家代表）时，买家发现货物存在肉眼可见的货物损坏或与订单不符的情况，如货物破损、短装、严重货不对版等情况，买家当场拒绝签收；无理由拒签，即货物递送到买家（包括买家代表）时，买家无任何理由拒绝签收。

卖家需要承担的风险：

若买家或者物流公司提供了有效证据（如货物破损，卖家私自更改物流方式导致无法清关等）证明是卖家责任导致买家拒签，或者平台查询到卖家存在不诚信的交易行为，则订单金额全额退款给买家。

若买家不能为其拒签提供合理理由及有效证据，且平台无法判断责任归属，待货物退回后，买家需要补偿发货和退回运费给卖家（需要卖家提供物流公司出具的发票，否则不予补偿），但是若发货运费和退回运费为 0，则不予补偿。

建议：卖家发货之前充分检查货物状态及包装，交易过程中及时与买家沟通并且解决问题。

8.4.2　买家收到的货物与约定不符

1. 货物与描述不符

买家收到的货物与卖家在网站产品详情页面的描述，存在颜色、尺寸、包装、品牌、款式、型号等方面的差异。

（1）颜色不符是指所收到货物的颜色与产品描述（图片或文字描述）不符。

（2）尺寸不符是指所收到货物的尺寸与产品描述不符。

（3）产品包装不符是指所收到货物的内包装与描述不符（无包装、包装不符、包装破损或有污渍）。产品包装是指产品本身所有的包装（邮局、卖家使用的外包装除外）。

（4）品牌不符是指所收到货物的品牌与描述不符。

（5）款式或型号不符是指所收到货物的款式或型号与产品描述（图片或文字描述）有不符。款式或型号是指产品的性能、规格和大小。

产品描述以卖家在平台上展示的为准。卖家需要保证产品的描述信息（包括产品名称、产品详细描述页面等）前后一致，如出现信息矛盾或误导倾向，则平台保留最终的纠纷裁决权。如果在买家下订单之前卖家已经明确提示买家，产品可能存在颜色的偏差，或产品尺寸可能存在一定误差，并明确说明了误差大小，则在纠纷时，卖家可提供有关提示的沟通记录作为证明。

卖家需要承担的风险：

（1）如果卖家产品标题、图片、描述中明确写明产品型号，默认为该产品具有该型号的所有功能，如果买家投诉缺少某功能，卖家将承担全部责任。

（2）根据买卖双方的证明，如果有货物与描述不符的情况，则属于卖家责任，买家对于处理方式有最终选择权利，买家可选择退款方案或者退货方案。

（3）若产品页面有多种型号多种颜色的，但是买家下单时无法选择型号和颜色，在下单留言表示需要选择其中某一种，后期发错颜色的，卖家将承担全部责任。

建议：若买卖双方在纠纷结案前，达成退货退款的协议，平台将支持双方的协议，要求买家退货。对于产品的确存在货不对版问题的案件，建议卖家承担运费退回。

2. 存在质量问题

买家所收到的货物出现品质、使用方面的问题，如电子设备无法工作，产品的质地差等。

卖家需要承担的风险：根据买卖双方的证明，若货物有质量问题，则属于卖家责任，买家对于处理方式有最终选择权利，买家可选择部分退款或者退款退货。

建议：卖家保证货物质量，并与买家保持沟通及时解决问题。

3. 销售假货

买家收到货物后因货物为侵权假冒产品或涉嫌侵权假冒产品而提起退款。根据平台的规则及核查结果，分为两种情况：

（1）轻微销售假货：卖家所销售的侵权假冒产品或涉嫌侵权假冒的产品不涉及平台已经公布的知名品牌名录。

（2）严重销售假货：卖家所销售的侵权假冒产品或涉嫌侵权假冒的产品涉及平台已经公布的知名品牌名录。

卖家面对纠纷裁决需要做的：自平台通知卖家举证开始 7 天内卖家需提供授权许可证明和销售许可证明等（以速卖通平台为例）。

卖家需要承担的风险：

（1）根据买卖双方的证明，卖家产品为侵权产品的，卖家将承担全部风险，平台会先将订单金额全额退款给买家，卖家需自行联系买家取回货物。

（2）同时阿里巴巴有权根据全球速卖通平台发布侵权产品管理规则及处罚规则及

其他适用平台规则对卖家进行处罚。

建议：切勿在平台销售假冒侵权产品，若买家投诉产品为假冒侵权产品，卖家将承担全部风险，即使买家在知情的情况下购买也将由卖家承担所有责任。

4. 货物短装

买家所收到的货物数量少于订单上约定的数量。

卖家面对纠纷裁决需要做的：从平台通知卖家提交相关证明材料时开始计算，3 天内，提供发货底单以及重量说明。（以速卖通平台为例）包括：①单件产品重量照片；② 整件产品加上包裹重量照片；③ 发货底单和物流出具的包裹重量证明。

卖家需要承担的风险：根据买卖双方提供的证明，货物短装的，或者卖家逾期不提供无短装的证明，按未发货的产品数量所占该订单总金额的份额，订单金额将部分退款给买家，即退还该订单短装件数所对应的金额。

建议：卖家应保留发货时的重量证明，如称重拍照或视频记录等；发布产品时注意销售方式，切勿混淆 piece 和 lot 的区别。

5. 货物破损

买家所收到的货物存在不同程度的外包装（限产品自身包装，如手机产品的外包装，且邮局、卖家使用的外包装除外）或产品本身有损坏的情况。

卖家需要承担的风险：若买家或者物流公司提供了有效证据证明是卖家责任导致货物破损，则订单金额全额退款给买家。

建议：卖家发货之前充分检查货物状态及包装，交易过程中及时与买家沟通并且解决问题。

6. 买家收到货物后退货

买家收到货物后，经买卖双方达成协议后退货，或者买家未与卖家协商即自行退货。

卖家在纠纷裁决中需要做的：卖家需及时与速卖通确认是否收到退货。

卖家需要承担的风险：若因卖家原因致使买家退货无法正常妥投，订单金额会全额退给买家。所以建议在买家提供退货单号后，卖家能实时跟踪物流信息。

建议：卖家在平台及发货单上留下有效退货地址和信息，确保在退货的时候能够收到货物，避免损失。

如果买家退货到达中国海关，由于清关是收件方的责任，所以卖家需要积极清关，或者提供因买家原因导致无法清关的扣关文件，否则订单将按照买家要求操作退款。

若货物到达卖家城市后又退回买家，需要卖家提供相应的邮局说明，证明非自身原因导致货物退回，否则订单将按照买家要求退款。

若买家未与卖家协商自行退货，买家应提供退货原因及相关证明，若买家无法提供，则卖家有权拒收买家退货，平台亦可拒绝向买家退款。

7. 卖家私自更改物流方式

卖家未经买家允许，更改买家下单时选择的物流方式。

卖家在纠纷中需要做的：卖家需要提供在更改物流方式前，征得买家同意的聊天记录截图。

卖家需要承担的风险：若卖家私自更改物流方式，货物到达买家国海关时，买家无法清关，属于卖家责任，平台会按照买家要求操作退款。

若订单有收取物流费用，卖家私自改变方式，则订单的运费金额将退款给买家。

若因卖家更改了物流方式，导致货物未能在指定地点妥投，买家需要到很远的地方取货，属于卖家责任，需要补偿买家额外运费，若无法妥投，属于卖家责任。

若因卖家私自更改物流方式，导致买家延迟收到货物，亦属于卖家责任，平台将按照具体的延迟日期计算退款金额（以速卖通平台为例）。

8. 恶意的纠纷

纠纷有很多种，最让卖家头痛的就是各种各样恶意的纠纷，不知道该如何处理，是忍让妥协还是力争到底？恶意的差评起因多半是买家想要部分退款，在可以接受的范围下，可以考虑小事化无。但是，如果是非常明显且过分的恶意纠纷，卖家不应忍气吞声，而是收集证据，积极应对。给此买家的信誉以差评，让职业差评师失去生存空间；同时，保留证据，交由平台处理。

8.5 纠纷提交和协商流程

交易过程中买家提起退款申请，即进入纠纷阶段，须与卖家协商解决。图 8－9 是速卖通的纠纷处理流程：

买家提起退款申请后，需要卖家的确认，卖家可以选择同意纠纷内容进入纠纷解决阶段，或者拒绝纠纷内容与买家进一步协商，页面如图 8－10：

1. 卖家同意纠纷内容

若卖家同意买家提起的退款申请，可点击“同意纠纷内容”进入纠纷解决阶段。买家提起的退款申请有以下两种类型：

（1）买家未收到货，申请全额退款：卖家接受时会提示卖家再次确认退款方案，

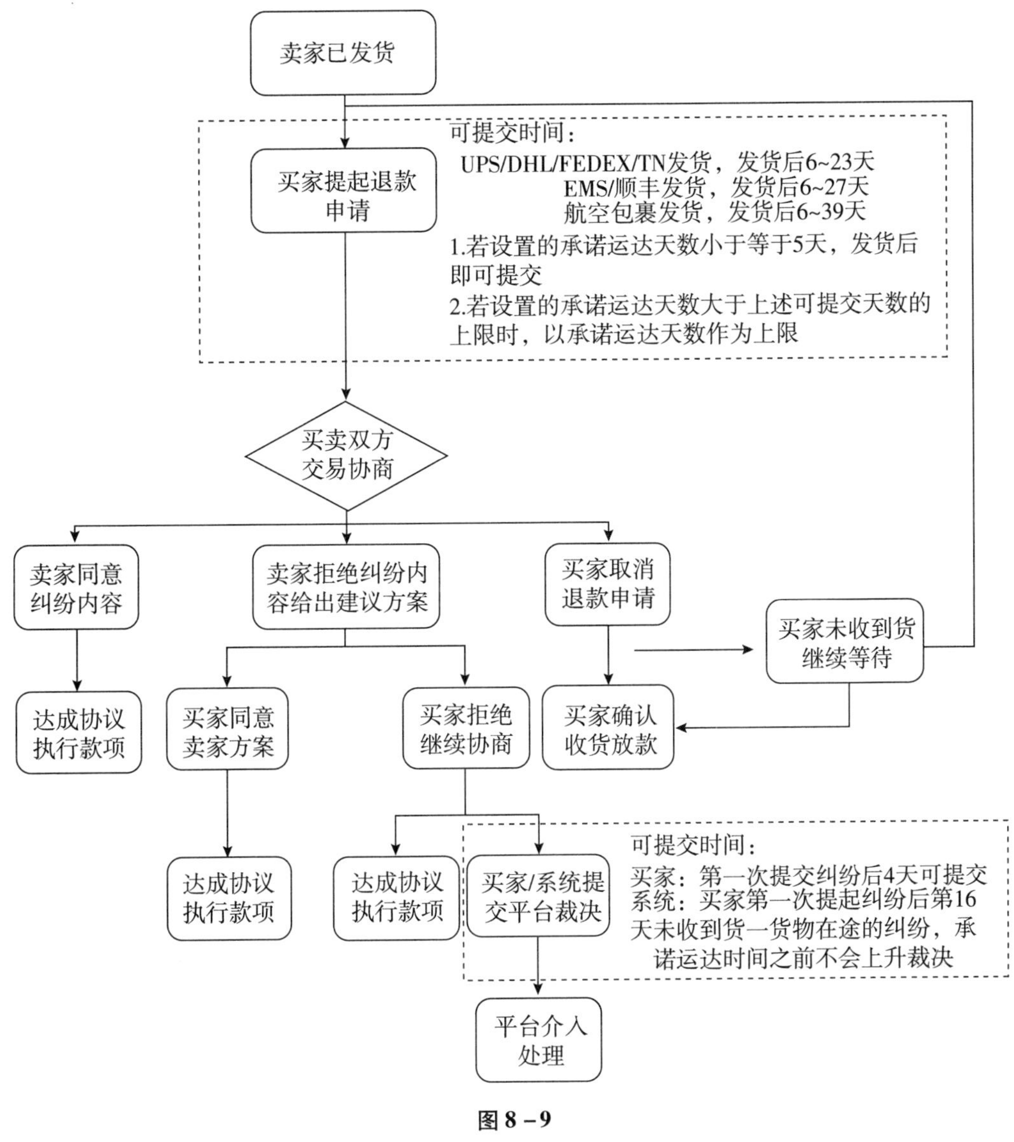

图8－9

若同意退款申请，则退款协议达成，款项会按照买家申请的方案执行退款。

（2）买家申请部分退款不退货：卖家接受时会提示卖家再次确认退款方案，若同意退款申请，则退款协议达成，款项会按照买家申请的方案执行部分退款及部分放款（确认页面如图8－11）：

（3）买家要求退款退货：若卖家接受，则需要卖家确认收货地址，默认卖家注册时候填写的地址，若不正确，则点击“修改收货地址”进行修改（如图8－12、图8－13）：

卖家确认了收货地址后，需要等待买家退货，买家需在10天内填写退货单号，若10天内未填写，视买家放弃退货，系统直接放款给卖家。卖家确认收货地址后，到买

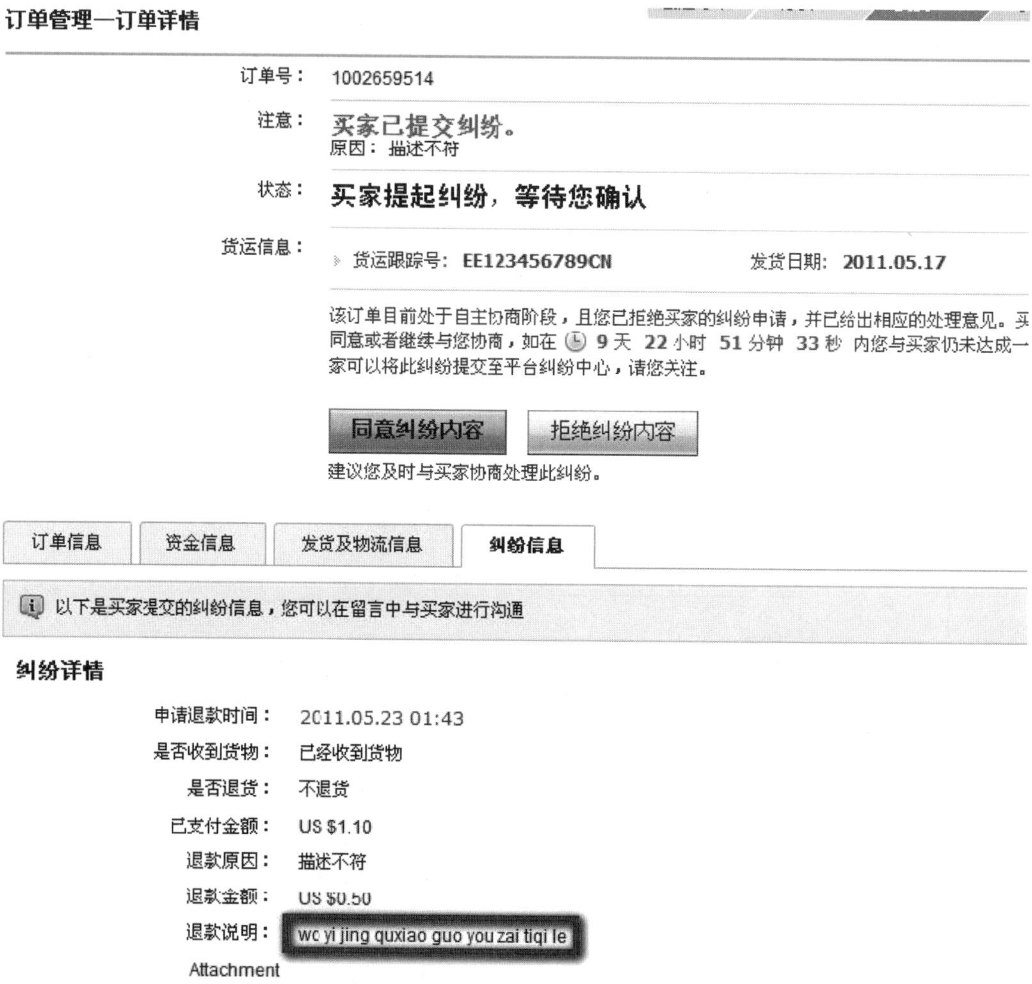

订单管理—订单详情

订单号： 1002659514

注意： 买家已提交纠纷。
原因： 描述不符

状态： **买家提起纠纷，等待您确认**

货运信息： 货运跟踪号： EE123456789CN　　发货日期： 2011.05.17

该订单目前处于自主协商阶段，且您已拒绝买家的纠纷申请，并已给出相应的处理意见。买同意或者继续与您协商，如在 9 天 22 小时 51 分钟 33 秒 内您与买家仍未达成一家可以将此纠纷提交至平台纠纷中心，请您关注。

同意纠纷内容　拒绝纠纷内容

建议您及时与买家协商处理此纠纷。

订单信息　资金信息　发货及物流信息　**纠纷信息**

以下是买家提交的纠纷信息，您可以在留言中与买家进行沟通

纠纷详情

申请退款时间： 2011.05.23 01:43
是否收到货物： 已经收到货物
是否退货： 不退货
已支付金额： US $1.10
退款原因： 描述不符
退款金额： US $0.50
退款说明： wc yi jing quxiao guo you zai tiqi le
Attachment

图 8－10

同意纠纷内容 

你同意后，退款协议将即时生效，Escrow将会按照退款协议,退款给买家。

已到账： US$161.25
将退款： US$5.00

同意退款申请　取消

图 8－11

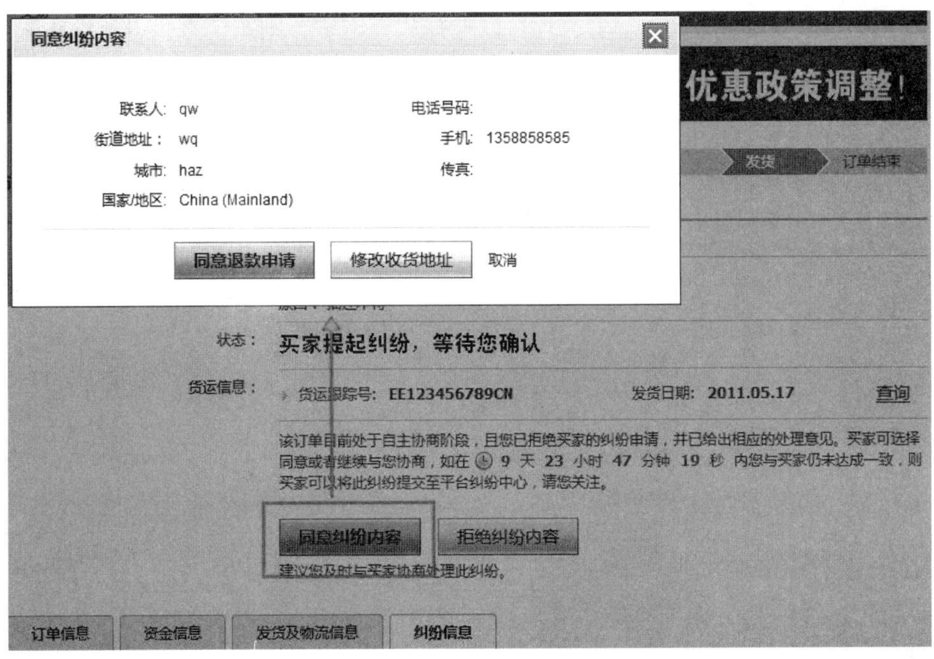

图 8 – 12

同意纠纷内容

请用英文填写您的收货地址，以便买家完成退货：

* 联系人: qw

* 街道地址: wq

例如：公司名称，部门，房间号等

详细地址2:

例如：街道名称，门牌号等

* 国家/地区: China

* 省: --请选择--

* 城市: haz

* 邮编: 301201

* 电话/手机: 国家代码 区号 电话号码

手机: 1358858585

传真: 国家代码 区号 电话号码

同意退款申请　返回

图 8 – 13

家填写退货订单号的30天内，卖家均可以选择放弃退货，则系统直接退款给买家。

2. 卖家拒绝纠纷内容

若卖家不接受买家的退款申请，可以点击“拒绝纠纷内容”按钮并填写卖家建议的解决方案（操作页面如图8-14，该表内所填写的退款金额和拒绝理由均是卖家给出的解决意见，若买家接受，则退款协议达成，若不接受，还须继续协商）。

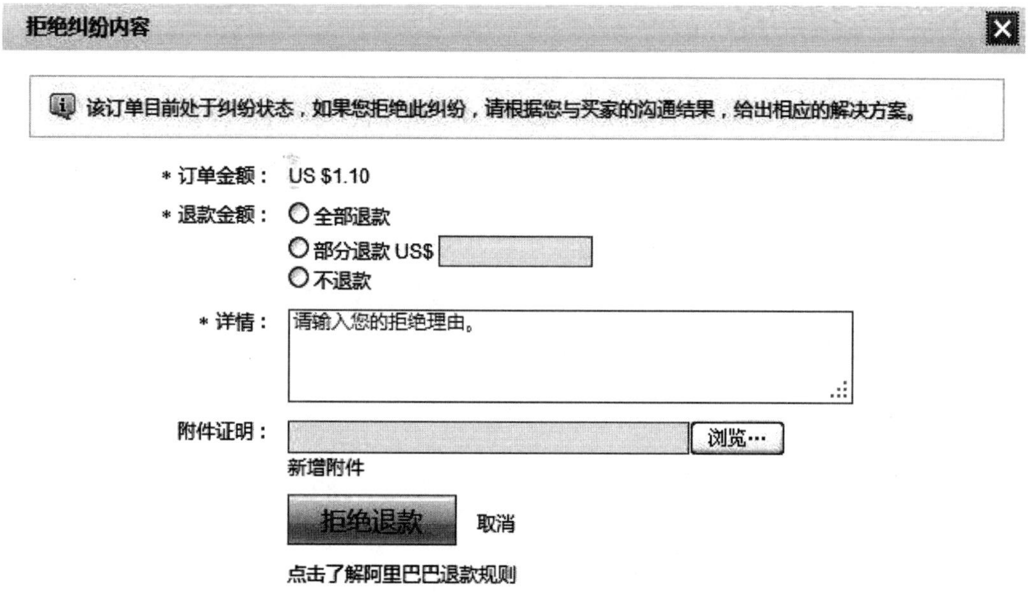

拒绝纠纷内容

该订单目前处于纠纷状态，如果您拒绝此纠纷，请根据您与买家的沟通结果，给出相应的解决方案。

* 订单金额： US $1.10

* 退款金额： 全部退款 / 部分退款 US$ / 不退款

* 详情： 请输入您的拒绝理由。

附件证明： 浏览…

新增附件

拒绝退款 取消

点击了解阿里巴巴退款规则

图8-14

（1）买家若未收到货提起退款申请，卖家拒绝时的附件证明为必须上传，卖家可以提供发货底单、物流公司的查单，物流官方网站的查询信息截图等证据，证明卖家已发货及物流状态。

（2）买家提起货不对版的退款申请，卖家拒绝时的附件证明为选填，卖家可以提供产品发货前的图片、沟通记录、重量证明等证据，证明卖家已如实发货。

拒绝退款申请后，需要等待买家确认（如图8-15）。若买家接受卖家的方案，则退款协议达成，款项会按照双方协商的方案执行；若买家不接受卖家的解决方案，可以选择修改退款申请，再次与卖家确认，继续协商。

3. 买家取消退款申请

买卖双方协商阶段，买家可取消退款申请，若买家因为收到货物取消了退款申请并确认收货，则交易结束进入放款阶段；若买家因为其他原因取消（如货物在运输途中，愿意再等待一段时间），则继续进行交易流程。

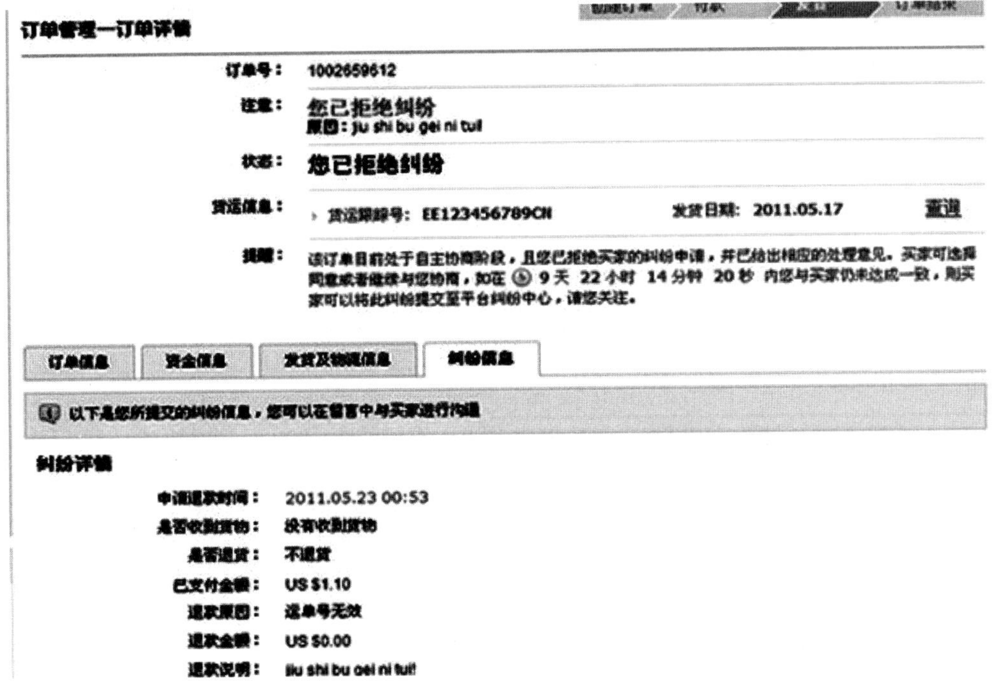

图 8－15

8.6　纠纷的应对

纠纷并不可怕。只要卖家做好充分准备，给买家以最好的服务，便可以化解纠纷。在交易过程中遇到纠纷，首先应积极联系买家协商确认。在买家反馈交易疑惑时，应及时给予买家回应，主动友好协商，了解买家反馈的具体问题，并有效地给予帮助和解决。电商平台竞争日益激烈，要让自己的店铺和产品在众多卖家中脱颖而出并且找到一席之地，需要注重对客服人员的培训，提高品牌的影响力。下面就根据不同的情况分类介绍纠纷的应对：

1. 对于描述不符的纠纷

纠纷前：

（1）确认产品页面描述是否与实物一致。（特别要注意：产品页面是否有尺寸描述，产品尺寸是否存在多重尺码标准，产品介绍是否图文一致，颜色选项框图片是否与实际显示文字一致，产品页面表述是否会造成买家误解等。）

（2）如果买家没有选择具体产品型号或颜色等，发货前务必与买家确认后再发货。

（3）如果产品是随机发货或者存在误差，请确认产品页面有相关提醒。

（4）如果买家下订单的产品缺货或存在颜色、款式不一致等情况，发货前一定要与买家沟通，征得买家同意后再发货。

纠纷中：

（1）积极与买家协商解决问题，达成一致的解决意见。

（2）提交发货前与买家确认的产品颜色、尺寸或其他信息的交谈记录。

（3）若发货前已提醒过买家产品存在颜色、尺寸等微小误差，请提交约定误差范围的交谈记录。

（4）如果产品是随机发货，请提交已提醒买家随机发货的相关说明或交谈记录。

2. 对于质量问题的纠纷

纠纷前：发货前仔细检查产品，确保产品质量。

纠纷中：

（1）积极与买家协商解决问题，达成一致的解决意见。

（2）如果质量问题（如：无法正常工作）是由于买家操作不当，请提交产品正确操作方法的视频。如发现买家是因为适配器使用不当导致无法通电，请提供正确使用适配器的视频。

3. 对于货物破损的纠纷

纠纷前：

（1）仔细检查产品情况，确保发货前产品完好无损。

（2）发货前做好相关的防护措施，避免因包装不当造成物流途中产品破损。

（3）提醒买家收货前检查包裹。

纠纷中：

（1）积极与买家协商解决问题，达成一致的解决意见。

（2）如果是物流途中造成的破损，请积极联系物流公司商谈索赔的事宜。

4. 对于买家收到货后退货的纠纷

纠纷前：

（1）积极与买家协商解决问题，达成一致的解决意见。

（2）对于多件产品或部分退货的，在买家退货前与买家明确退货数量和退款金额。

（3）对于运费补偿或者其他补偿需要在事前与买家确认清楚，一旦退货后提出折旧等补偿事宜，不属于速卖通受理范围。

（4）退货前与买家协商具体的退货物流方式。

纠纷中：

（1）主动提供准确的英文退货地址，确保退货能成功妥投。

（2）买家退货后积极联系物流公司，及时取件，切勿出现包裹到达卖家城市，但是由于长时间未取件而导致退回的现象。

（3）清关属于收件方责任，一旦货物扣关，导致无法签收，需要提供因买家原因导致扣关的海关文件或者物流公司出具的证明。

（4）收到退货后，尽量保留底单和拆包视频等。

5. 对于货物短装的纠纷

纠纷前：

（1）检查产品页面数量描述是否一致。

（2）核实发货前产品的具体数量。

（3）保留发货时的重量证明，如发货底单、称重拍照或视频记录等。

纠纷中：

（1）积极与买家协商解决问题，达成一致的解决意见。

（2）积极提供证据，包括单件产品重量照片，整件产品加上包裹重量照片，发货底单和物流出具的包裹重量证明（缺一不可）。

6. 对于卖家私自更改物流方式的纠纷

纠纷前：

发货时如需更改物流方式，需提前与买家沟通协商，并征得买家同意。

纠纷中：

（1）提供发货前买家答应更改物流方式的聊天记录。

（2）私自更改物流方式属于卖家责任，卖家应该积极联系买家沟通协商解决。

7. 对于卖家强行发货的纠纷

纠纷前：

（1）确认是否因卖家延迟发货导致买家在系统中取消过订单，若买家提起取消订单后依然发货，后期出现买家拒签等行为，属于卖家责任。

（2）确认买家提起退款时间是否在卖家所提供运单号显示第一条物流信息之前。

纠纷中：

（1）提供有效物流单号，证明在买家取消订单之前已经发货。

（2）卖家强行发货属于卖家责任，卖家应该积极联系买家沟通协商解决达成一致，如部分补偿或者联系买家退货。

8. 对于协商一致重新发货的纠纷

（1）发货前确认买家收货地址和信息，提供有效的运单号，确保买家能够收到货物，避免损失。

（2）保留发货底单。

（3）若物流信息妥投，请及时联系买家确认收货，以免造成投诉升级。

9. 对于“货不对版”引起的纠纷

货不对版是指买家收到的商品与达成交易时卖家对商品的描述或承诺在类别、参数、材质、规格等方面不相符。

（1）产品描述真实全面

买家是根据产品的描述而产生购买行为，买家知道得越多，其预期也会越接近实物，因此真实全面的描述是避免纠纷的关键。

（2）严把质量关

在发货前，需要对产品进行充分的检测：产品的外观是否完好，产品的功能是否正常，产品是否存在短装，产品邮寄时的包装是否抗压抗摔适合长途运输，等等。若发现产品质量问题，应及时联系厂家或上游供应商进行更换，避免因产生纠纷而造成退换货，外贸交易中退还货物的运输成本是极高的。

（3）杜绝假货

全球速卖通一向致力保护第三方知识产权，并为会员提供安全的交易场所，非法使用他人的知识产权是违法以及违反速卖通政策的。

若买家提起纠纷投诉卖家“销售假货”，而卖家无法提供产品的授权证明的，将被速卖通平台直接裁定为卖家全责，卖家在遭受经济损失的同时也将受到平台相关规则的处罚。因此，对于涉及第三方知识产权，且无法提供授权证明的产品，务必不要在速卖通平台上进行销售。

10. 对于“未收到货”引起的纠纷

（1）物流选择很重要

国际物流往往有很多不确定因素，例如：海关问题、关税问题、派送转运等。在整个运输过程中，这些复杂的情况很难被控制，难免会产生包裹清关延误，派送超时甚至包裹丢失等状况。对于买家来说，长时间无法收到货物或者长时间不能查询到物流更新信息，将会直接导致其提起纠纷。

同时，没有跟踪信息的快递方式对于卖家的利益也是没有保障的，当买家提起“未收到货”的纠纷，而货物信息无法跟踪对卖家的举证是非常不利的。因此，在选择快递方式时，可以结合不同地区、不同快递公司的清关能力以及包裹的运输期限，选择 EMS、DHL、FEDEX、UPS、TNT、SF 等物流信息更新较准确，运输时效性更佳的快递公司，这些快递方式相比较航空大小包来说，风险值会低很多。如需找寻货代公司帮助发货，应优先选择正规、能同时提供发货与退货保障的货代公司。

总的来说，选择快递方式时，务必请权衡交易中的风险与成本，尽可能选择可提供实时查询货物追踪信息的快递公司。

（2）有效沟通

① 如果包裹发生了延误，及时通知买家，解释包裹未能在预期时间内达到的原因，获得买家谅解。

② 如果包裹因关税未付被扣关，及时告知买家，声明已在产品描述中注明买家缴税义务，不妨此时提出为买家分担一些关税，不仅能避免物品退回，更能让买家为您十足的诚意而给予好评。

③ 如果包裹因无人签收而暂存于邮局，及时提醒买家找到邮局留下的字条，在有效期内领取。

④ 及时处理买家关于物品未收到的询问，让买家体会到用心的服务。

⑤ 在交易过程中，与买家保持有效的沟通不仅能够使交易顺利完成，也将获得买家二次青睐的机会。

11. 有效解决纠纷应谨记的几个原则

（1）客户第一

① 要有客户第一的精神，站在买家的角度考虑，出现问题想办法以友好的方式积极解决；

② 作为卖家，尽量让买家减少损失、满意，让买家体会到卖家的用心服务，成为忠实买家。

（2）有效沟通

① 及时回应：买家对于订单的执行和货物的质量有不满意时，马上做出回应，与买家进行友好协商；

② 沟通技巧：和买家沟通时注意买家心理的变化，当出现买家不满意时，尽量引导买家朝着能保留订单的方向走，同时也满足买家一些其他的需求；当出现退款时，尽量引导买家达成部分退款，避免全额退款退货。努力做到尽管货物不能让买家满意，

态度也要让买家无可挑剔。

（3）保留证据

对于交易过程中的有效信息都应保留下来，如果出现了纠纷，能够作为证据来帮助解决问题。

第 9 章　跨境电子商务进口

学习目标

通过本章相关知识的学习，学生应掌握跨境电子商务进口的分类与模式，学会跨境电子商务进口的选品与选择供应商，能利用平台网站开店经营，完成直购模式与保税网购模式的交易流程。

重点难点

本章重点是跨境电子商务进口网店开店及交易，难点是保税模式的交易流程。

9.1　跨境电子商务进口交易前的准备

跨境电子商务在厂商和终端消费者之间建立了相对直接沟通的桥梁，正在成长为我国外贸行业新的增长点。从近几年我国跨境电商的进出口结构看，跨境电商进口占比稳步提升，由个位数占比提升至 13% 左右。目前我国跨境电商进口还处于起步阶段，随着国内市场对海外商品的需求高涨，预计未来几年跨境电商进口的份额占比将有一定的扩大，但由于跨境电商进口受国家政策影响较大，跨境电商进口份额占比预计将会保持相对平稳缓慢的提升。

9.1.1　跨境电子商务进口的分类

跨境电子商务进口从交易对象角度上看，主要分为 B2B（Business to Business，企业对企业）跨境电子商务和 B2C（Business to Customer，企业对消费者）跨境电子商务。从狭义上看，跨境电商进口主要是指跨境零售，即 B2C，基本上针对消费者；从广义上看，跨境电商进口除了以上提到的跨境零售外，还包括通常所提的外贸电商 B2B。外贸电商是指分属在不同关境的交易主体，利用电子商务把传统进出口贸易中的洽谈、展示、成交环节变成电子化，使商品通过跨境物流进行送达、交易的一种国际商业活动。在该商业活动中，若卖方企业仅通过电子商务平台发布产品信息和出售广告，交易和支付等环节在线下完成，本质上还是属于传统对外贸易，不作为跨境电子商务纳入海关统计。在这个过程中，界定为电子商务有三个关键的要素：一是买卖的双方在不同的关境；二是必须在网上完成下单和支付；三是通过国际物流完成从国外到国内的货物的运送，满足这三个要素，通常判定为跨境电子商务。现阶段的跨境电商进口商业活动中，交易和结算等环节均在线上完成的目前开展的较少，虽然可能代表着跨境电子商务的方向，但尚不具备研究价值，故暂不在本部分涉及。本部分主要介绍跨境零售。需要说明的是，随着跨境电商的发展，跨境零售消费者中也会含有一部分碎片化小额买卖的 B 类商家用户，但现实中这类小 B 类商家和 C 类个人消费者很难区分，也很难界定小 B 类商家和 C 类个人消费者之间的严格界限，所以，从总体来讲，这部分针对小 B 类商家的销售也归属于跨境零售部分。另外利用保税区域开展的 B2B2C 模式也归属于跨境零售之列。

9.1.2 跨境电子商务进口模式的分类

一、根据盈利模式分类

跨境零售根据盈利模式分为五大类：海外代购模式、直发/直运平台模式、自营 B2C 模式、导购/返利平台模式、海外商品闪购模式。

1. 海外代购模式

海外代购模式是消费者熟知的跨国网购概念，简单地说，是身在海外的人或商户为有需求的境内消费者在境外采购所需商品并通过跨国物流将商品送达消费者手中的模式。按照运营模式，主要分为海外代购平台和朋友圈海外代购两类。海外代购平台的运营重点在于尽可能多地吸引符合要求的第三方卖家入驻，平台并不会深度涉入采购、销售以及跨境物流环节。入驻平台的卖家根据消费者订单集中采购特定商品，通过跨境物流将商品发往境内订单买家。海外代购平台走的是典型的跨境 C2C 平台路线，代购平台通过向入驻卖家收取入场费、交易费、增值服务费等获取利润，入驻平台的卖家通常要求具有海外采购能力或者跨境贸易能力。海外代购模式优势在于为消费者提供了较为丰富的海外产品品类选项，用户流量较大。其劣势是消费者对于入驻商户的真实资质持怀疑的态度，交易信用环节可能是 C2C 海外代购平台目前面临的最棘手的难题。此外，海外代购模式对跨境供应链的涉入较浅，或难以建立充分的竞争优势。代表商家包括淘宝全球购、京东海外购、易趣全球集市、美国购物网等。朋友圈海外代购主要是指微信朋友圈代购等依靠熟人、半熟人社交关系从移动社交平台自然生长出来的原始商业形态。虽然社交关系对交易的安全性和商品的真实性起到了一定的背书作用，但受骗的例子并不在少数。随着海关等政府监管部门政策的收紧，朋友圈个人代购这种原始模式恐怕将难以为继。

2. 直发/直运平台模式

直发/直运平台模式又被称为 drop shipping 模式。在这一模式下，电商平台通常不需要商品库存，而是把接收到的消费者订单信息发给批发商或厂商，后者按照订单信息以零售的形式对消费者发送货物。直发/直运平台的部分利润来自于商品零售价和批发价之间的差额。由于供货商是品牌商、批发商或厂商，因此直发/直运是一种典型的 B2C 模式。我们可以将其理解为第三方 B2C 模式。该模式一般对跨境供应链的涉入较深，后续发展潜力较大。直发/直运模式在寻找供货商时往往与可靠的海外供应商直接谈判签订跨境零售供货协议；在跨境物流环节通常可能会选择自建国际物流系统（如洋码头）或者和特定国家的邮政、物流系统达成战略合作关系（如天猫国际）。该模式也存在不容忽视的劣势，如招商缓慢，前期流量相对不足；前期所需资金体量较大；买家信息直接透露给供货商；环节涉及多方，贸易纠纷处理不便；货物品类受限，产品价值较高才可能适用。代表商家包括天猫国际（综合）、洋码头（北美）、跨境通（上海自贸区）、苏宁全球购、海豚村（欧洲）、一帆海购网（日本）、走秀网（全球时尚百货）等。

3. 自营 B2C 模式

自营 B2C 模式分为综合型自营和垂直型自营两类。综合型自营跨境 B2C 平台的跨境供应链管理能力强，拥有强势的供应商管理和较为完善的跨境物流解决方案，大部分后备资金充裕。但自营 B2C 模式同样面临着业务发展受到行业政策变动影响显著的问题。代表商家亚马逊和 1 号店的“1 号海购”。垂直型自营跨境 B2C 平台在选择自营品类时会集中于某个特定的范畴，如食品、奢侈品、化妆品、服饰等。供应商管理能力相对较强，但前期需要较大的资金支持。代表商家包括中粮我买网（食品）、蜜芽宝贝（母婴）、寺库网（奢侈品）、莎莎网（化妆品）、草莓网（化妆品）等。

4. 导购/返利平台模式

导购/返利模式是一种比较轻的电商模式，可以分成两部分来理解：引流部分 + 商品交易部分。引流部分是指通过导购资讯、商品比价、海购社区论坛、海购博客以及用户返利来吸引用户流量；商品交易部分是指消费者通过站内链接向海外 B2C 电商或者海外代购者提交订单实现跨境购物。为了提升商品品类的丰富度和货源的充裕度，这类平台通常会搭配海外 C2C 代购模式。因此，从交易关系来看，这种模式可以理解为海淘 B2C 模式 + 代购 C2C 模式的综合体。通常导购/返利平台会把自己的页面与海外 B2C 电商的商品销售页面进行对接，一旦产生销售，B2C 电商就会给予导购平台 5% ~15% 的返点。导购平台则把其所获返点中的一部分作为返利回馈给消费者。其优势在语言平台定位于对信息流的整合，模式较轻，较容易开展业务。引流部分可以在较短时期内为平台吸引到不少海购用户，可以比较好地理解消费者的前端需求。但长期而言，由于对跨境供应链把控较弱且进入门槛低，竞争优势建立困难，若无法尽快达到一定的可持续流量规模，其后续发展可能比较难以维持下去。代表商家：55 海淘、一淘网（阿里旗下）、极客海淘网、海淘城、海淘居、海猫季、Extrabux、悠悠海淘、什么值得买、美国便宜货。

5. 海外商品闪购模式

除了以上进口零售电商模式之外，海外商品闪购是一种相对独特的做法，我们将其单独列出。海外商品闪购模式即是以互联网为媒介的 B2C 电子零售交易活动，以限时特卖的形式，定期定时推出国际知名品牌的商品，一般以原价 1 至 5 折的价格供专属会员限时抢购，每次特卖时间持续五至十天不等，先到先买，限时限量，售完即止。顾客在指定时间内（一般为 20 分钟）必须付款，否则商品会重新放到待销售商品的行列里。闪购平台一旦确立行业地位，将会形成流量集中、货源集中的平台网络优势。聚美优品的“聚美海外购”和唯品会的“全球特卖”频道纷纷高调亮相网站首页。两家公司都宣称对海外供应商把控力强、绝对正品、全球包邮、一价全包。闪购模式对货源、物流的把控能力要求高；对前端用户引流、转化的能力要求高。任何一个环节的能力有所欠缺都可能以失败告终。代表商家包括蜜淘网、天猫国际的环球闪购、1 号店的进口食品闪购活动、聚美优品海外购、宝宝树旗下的杨桃派、唯品会的海外直发专场等。

此外，需要说明的是，传统海淘模式不在我们讨论之列。传统海淘模式是指我国关境内消费者直接通过境外电商网站购物，经由在海外设有转运仓库的转运公司代消费者在境外收货后再通过第三方或转运公司的跨国物流将商品发送至中国口岸的活动。

二、根据履约模式分类

跨境零售根据履约模式分为直购进口模式和保税进口模式。直购进口模式（也称“一般进口模式”）是指国内个人购买者在指定的跨境电商网站订购境外商品，并进行网上申报和计税，商品由快件邮递等渠道直接从国外寄递进境，通过电商服务平台和通关管理系统实现交易的一种跨境电商进口模式。保税进口模式是电商企业以货物申报进入海关特殊监管区域或保税场所，境内消费者网上交易后，区内货物以物品逐批分拨配送，按物品缴纳税费和监管的一种跨境电商进口模式。直购进口模式和保税进口货物模式最大的区别在于：一个前者是先下单再从境外发货，另一个是先从境外发货再下单。

9.1.3　跨境电子商务进口交易前的准备

一、调研市场，选择产品

1. 选品

选品，即选品人员从供应市场中选择适合目标市场需求的产品。从这个角度看，选品人员必须一方面把握用户需求，另一方面，从众多供应市场中选出质量、价格等最符合目标市场需求的产品。成功的选品，是最终实现供应商、客户、平台多方共赢的关键。选品要结合以下因素来考虑。

一是公司的定位和网站定位。明确公司的整体定位和策略，以建立品牌为主还是追求销量为主。要考虑网站平台的目标市场或目标消费群体，通过对网站整体定位的理解和把握，进行市场调研、同行分析等，选择适合的品类进行研究分析。

二是目标客户定位。从用户需求的角度出发，选品要满足用户对某种效用的需求，比如带来生活方便、满足虚荣心、消除痛苦等方面的心理或生理需求。 iResearch 近年来的《跨境网购调查报告》显示，在消费者进行跨境网购品类偏好方面，集中度比较高、消费者最热衷购买的商品是服饰、母婴产品、护肤美妆、食品/保健品、电子产品五大类消费品。

三是产品的毛利。要了解物品的重量和体积，外贸中商品价格和重量/体积比例数值越大越好。考虑到碎片化销售，运费在总成本中的占比不容忽视。选品时应该尽量选择单件重量轻、体积小而价值高的商品，实现高客单价、高毛利率、高复购率，如前述的消费者跨境网购集中的五大类消费品。由于需求和供应都处于不断变化之中，选品也是一个无休止的过程。市场尚待培育，高速增长可期。

四是政策和法规。选品必须熟悉和了解国家法律法规。跨境零售商品应为个人生活消费品，国家禁止和限制进口的物品除外，具体禁限物品目录按《海关总署令第 43 号（中华人民共和国禁止、限制进出境物品表）》执行。（见表 9－1、表 9－2）

表 9－1 中华人民共和国禁止进出境物品表

一、禁止进境物品
1. 各种武器、仿真武器、弹药及爆炸物品
2. 伪造的货币及伪造的有价证券
3. 对中国政治、经济、文化、道德有害的印刷品、胶卷、照片、唱片、影片、录音带、录像带、激光视盘、计算机存储介质及其他物品
4. 各种烈性毒药
5. 鸦片、吗啡、海洛因、大麻以及其他能使人成瘾的麻醉品、精神药物
6. 带有危险性病菌、害虫及其他有害生物的动物、植物及其产品
7. 有碍人畜健康的、来自疫区的以及其他能传播疾病的食品、药品或其他物品。
二、禁止出境物品
1. 列入禁止进境范围的所有物品
2. 内容涉及国家秘密的手稿、印刷品、胶卷、照片、唱片、影片、录音带、录像带、激光视盘、计算机存储介质及其他物品
3. 珍贵文物及其他禁止出境的文物
4. 濒危的和珍贵的动物、植物（均含标本）及其种子和繁殖材料

表 9－2　中华人民共和国限制进出境物品表

一、限制进境物品
1. 无线电收发信机、通信保密机
2. 烟、酒
3. 濒危的和珍贵的动物、植物（均含标本）及其种子和繁殖材料
4. 国家货币
5. 海关限制进境的其他物品。
二、限制出境物品
1. 金银等贵重金属及其制品
2. 国家货币
3. 外币及其有价证券
4. 无线电收发信机、通信保密机
5. 贵重中药材
6. 一般文物
7. 海关限制出境的其他物品

值得注意的是，目前试点保税进口模式的商品是部分品类，主要为民生日用消费

品，如食品饮料、母婴用品、服饰鞋帽、箱包、家用医疗保健、美容器材、厨卫用品及小家电、文具用品及玩具、体育用品等，其中酒类不能做。很多贸易商认为 SKU 越广品类越丰富，经营越容易成功。尽管品类丰富会方便客户一站式购物，产品间也可能产生关联销量，但是产品线过广的弊端也是致命的。首先保障所有产品的库存充足很难，偶尔的拆补难免，但常常拆补可能造成经营混乱，一旦缺货，可能遭遇投诉、退单，降低客户体验。其次产品太多，定价可能不够精准，缺乏竞争力。再次非畅销产品滞销，临期过期难免打折处理，影响利润率。最后产品线过长，人力有限，对产品的熟悉和了解可能不够深入，可能造成产品描述缺乏吸引力、咨询解答不够及时准确等影响销售。

产品线的选择不是一次性到位，可以根据销售情况，不断调整优化。随着对产品情况、行业情况等的理解加深，电商企业会更了解竞争对手品类的动态和价格变化，更重要的是，能够通过行业和店铺的热销品牌、飙升品牌、货品的综合对比，分析布局产品线。

2. 寻找优质货源

在驱动消费者进行跨境网购的因素中，排名前三位的分别是：品质保证、国内网站、价格便宜。这反映了消费者对商品本身的品质，网站的易用性和购物流程友好程度、跨境价格对比这三项最为关注。品质是跨境零售首先需要关注的，在确定产品线后，找到最合适的供应商以供选择，即货源的保障，是跨境电商进口成败的重要一步，也是逐渐培养商家供应链掌控能力的关键一步。所以对供应商的资本情况、经营作风、能力和范围、商业信誉等开展调查是极为重要的。力争一手货源，一手货源通常利润较好，视情况开展直采，无法直采的也要保证货源渠道且产品质量过关。由于跨境零售退货便利性及成本都不及国内，所以如果没有优质货源，建议放弃。此外，销售品牌的货品可能会涉及知识产权的问题，需要取得品牌公司许可授权，以免引起法律问题，不利于长远发展。

二、确定物流模式和选择支付方式

传统的国内跨境电子商务进口物流方式是中国境内贸易公司通过一般贸易方式将商品进口到中国境内之后，可以直接通过自己的电商平台销售，也可以交由其他电商平台销售。这是在跨境贸易电子商务服务试点推行前，绝大多数合法商家都采取的方式。除此之外，还有其他五种物流模式，主要包括：

1. 旅客行李：是指进出境旅客携带的全部行李物品。海关对行李物品的界定是自用合理数量，非以盈利为目的，因此并不适合跨境电子商务。

2. 个人邮递物品：指通过邮运渠道进出境的包裹、小包邮件以及印刷品等物品。通过邮运渠道到口岸邮局办事处监管清关的货品量较大，但处理时效和服务质量有待提高。

3. 快件：指进出境快件营运人，以向客户承诺的快速的商业运作方式承揽、承运的进出境的货物、物品。进出境快件监管一般都有信息化系统，因此处理能力和稳定性都比较好。

4. 跨境试点一般进口：2014 年增列的海关监管方式，全称“跨境贸易电子商务”，适用于境内个人或电子商务企业通过电子商务交易平台实现交易（保税电商除外），并采用“清单核放、汇总审批”模式办理通关手续的电子商务零售进出口。此种方式清关费用比邮快件低，处理能力比邮快件稳定。

5. 跨境试点保税进口：不但因备货仓储在境内而运营成本较境外低，而且发货时效快，退换货操作方便，用户体验高，综合物流成本最低。

跨境电商进口的物流模式表现出多样化的特点，贸易商应根据各自的需要选择适合的物流模式。跨境电商进口的竞争正从商品的竞争向供应链和整体服务的竞争转移，因此第 4 种和第 5 种代表着跨境电商进口的发展方向。根据海关总署公告 2014 年第 56 号《关于跨境贸易电子商务进出境货物、物品有关监管事宜的公告》，电子商务企业或个人通过经海关认可并且与海关联网的电子商务交易平台实现跨境交易进出境货物、物品的，电子商务企业、监管场所经营企业、支付企业和物流企业应当按照规定向海关备案，并通过电子商务通关服务平台实时向电子商务通关管理平台传送交易、支付、仓储和物流等数据。开展跨境电商进口，通常需要具备自营或平台网站/网店，网站已完成 ICP 备案且正常运作，与海关、商检、电子口岸等完成对接。如果采用保税进口模式，根据海关总署《关于跨境电商服务试点网购保税进口模式问题通知》，参与试点的电商、物流等企业须在境内注册、并按照现行海关管理规定进行企业注册登记，开展相关业务，并能实现与海关等管理部门的信息系统互联互通。目前，各试点城市都推出了自己的跨境贸易电子商务平台，如上海的跨境通、宁波的跨境购等，而与海关签约且有保税仓库的企业也不少，以深圳为例，包括深圳保宏、前海电商供应链、捷利通达等。

此外，除了通关之外，选择支付伙伴时，也推荐选择和已经获得政府主管部门准入的公司合作。可以开展跨境电商支付的如支付宝、中国银联、PayPal、易极付、快钱、中国工商银行、财付通等。

三、制定进口商品经营方案

在对进口商品价格趋势有一定的把握和预测、了解了供应商的资信以及明确了适合的物流模式后，可以展开进口成本核算，制订进口商品经营方案。进口商品的作价，应以平等互利的原则为基础，以国际市场价格水平为依据，结合企业的经营意图，制定进口商品的适当价格。

国内销售价格 = 进口价格 + 进口费用 + 进口利润

进口费用 = 国外运费 + 国外保费 + 进口关税 +

进口消费税 + 进口增值税 + 实缴增值税 + 国内费用

需要说明的是，对于进口税，跨境零售目前实行的不同于货物渠道的进口税，即不征收进口关税和进口环节税，而以对物品征收的行邮税取代。根据《海关法》的规定，个人携带进出境的行李物品、邮寄进出境的邮递物品，应当以自用合理数量为限。

行邮税 = 完税价格 × 税率

按照《中华人民共和国海关总署公告2010年第43号》，个人邮寄进境物品，海关依法征收进口税，但应征进口税税额在人民币50元（含50元）以下的，海关予以免征。个人寄自或寄往港、澳、台地区的物品，每次限值为800元人民币；寄自或寄往其他国家和地区的物品，每次限值为1000元人民币。个人邮寄进出境物品超出规定限值的，应办理退运手续或者按照货物规定办理通关手续。但邮包内仅有一件物品且不可分割的，虽超出规定限值，经海关审核确属个人自用的，可以按照个人物品规定办理通关手续。

海关总署公告2010年第54号《关于进境旅客所携行李物品验放标准有关事宜》规定，进境居民旅客携带在境外获取的个人自用进境物品，总值在5000元人民币以内（含5000元）的；非居民旅客携带拟留在中国境内的个人自用进境物品，总值在2000元人民币以内（含2000元）的，海关予以免税放行，单一品种限自用、合理数量，但烟草制品、酒精制品以及国家规定应当征税的20种商品等另按有关规定办理。进境居民旅客携带超出5000元人民币的个人自用进境物品，经海关审核确属自用的；进境非居民旅客携带拟留在中国境内的个人自用进境物品，超出人民币2000元的，海关仅对超出部分的个人自用进境物品征税，对不可分割的单件物品，全额征税。有关短期内多次来往旅客行李物品征免税规定、验放标准等事项另行规定。

根据《国务院批转关税税则委员会、财政部、国家税务总局关于第二步清理关税和进口环节税减免规定的意见的通知》（国发〔1994〕64号），对20种商品，自1995年1月1日起，无论任何地区、企业、单位和个人，以任何贸易方式进口，一律停止减免关税和进口环节增值税。根据《财政部关于重新明确不予减免税的20种商品税号范围的通知》（财关税〔2004〕6号），对电视机、摄像机、录像机、放像机、音响设备、空调器、电冰箱（电冰柜）、洗衣机、照相机、复印机、程控电话交换机、微型计算机及外设、电话机、无线寻呼系统、传真机、电子计数器、打字机及文字处理机、家具、灯具和餐料等20种商品税号重新予以明确。

应征行邮税的，海关总署公告2012年第15号规定，进境物品完税价格遵循以下原则确定：《完税价格表》已列明完税价格的物品，按照《完税价格表》确定；《完税价格表》未列明完税价格的物品，按照相同物品相同来源地最近时间的主要市场零售价格确定其完税价格；实际购买价格是《完税价格表》列明完税价格的2倍及以上，或是《完税价格表》列明完税价格的1/2及以下的物品，进境物品所有人应向海关提供销售方依法开具的真实交易的购物发票或收据，并承担相关责任。海关可以根据物品所有人提供的上述相关凭证，依法确定应税物品完税价格。完税价格表详见海关总署公告2012年第15号附件2。（见表9－3）

表9－3　中华人民共和国进境物品税率简查表

税号	物品类别	税率
01000000	食品、饮料	10%
02000000	酒	50%
03000000	烟草	50%
04000000	纺织品及其制成品	20%
05000000	皮革服装及配饰	10%
06000000	箱包及鞋靴	10%
07000000	表、钟及其配件、附件	30%
		20%
08000000	金、银、珠宝及其制品、艺术品、收藏品	10%
09000000	化妆品	50%
10000000	家用医疗、保健及美容器材	10%
11000000	厨卫用具及小家电	10%
		20%
12000000	家具	10%
13000000	空调及其配件、附件	20%
14000000	电冰箱及其配件、附件	20%

续表

税号	物品类别	税率
15000000	洗衣设备及其配件、附件	20%
16000000	电视机及其配件、附件	20%
17000000	摄影（像）设备及其配件、附件（电视摄像机除外）	10%
	电视摄像机	20%
18000000	影音设备及其配件、附件	20%
19000000	计算机及其外围设备	10%
20000000	书报、刊物及其他各类印刷品	10%
21000000	教育专用的电影片、幻灯片、原版录音带、录像带	10%
22000000	文具用品及玩具	10%
23000000	邮票	10%
24000000	乐器	10%
25000000	高尔夫球及球具	30%
	体育用品（除高尔夫球以外）	10%
26000000	自行车、三轮车、童车及其配件、附件	20%
27000000	其他物品	10%

9.2　跨境电子商务进口交易的流程

跨境电子商务进口份额占比预计将会保持相对平稳缓慢的提升。

9.2.1　直购进口模式跨境电子商务进口流程

洋码头是面向中国消费者的跨境电子商务第三方交易平台，是目前国内最大的独立海外购物平台。该平台上的卖家可以分为两类：一类是个人买手，模式是 C2C；另一类是商户，模式就是 M2C。整体来看，洋码头集合了阿里的平台优势和京东自建物流的核心竞争力。以下内容以洋码头为例，介绍直购进口模式下跨境电商进口流程。(见图 9－1)

一、买家洋码头交易流程

直购进口模式适合买家先下单商家再海外采购进境的代购商品流程，其具体流程见图 9－2。

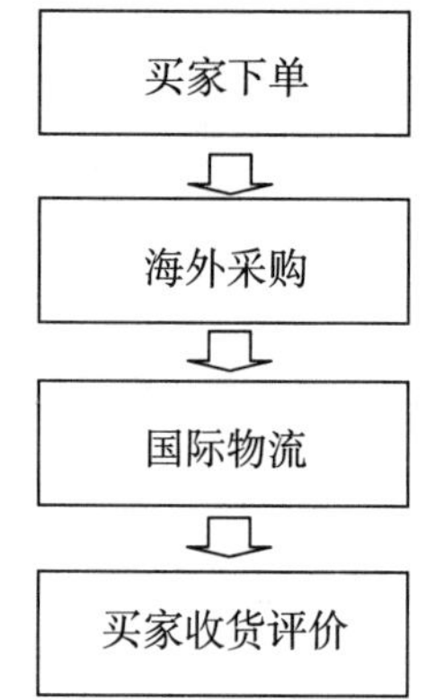

图9－1　直购进口模式下跨境电子商务进口流程

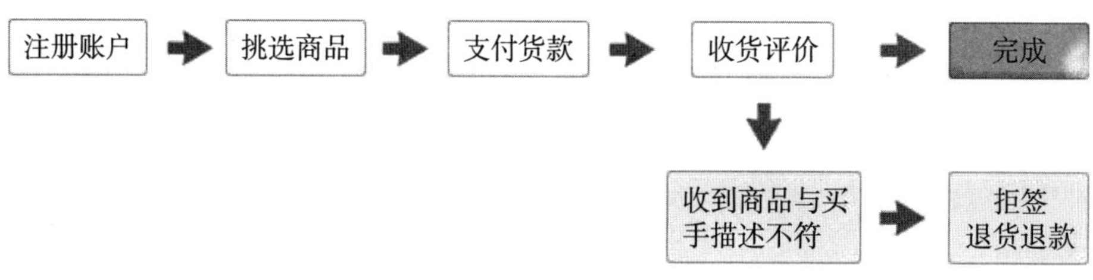

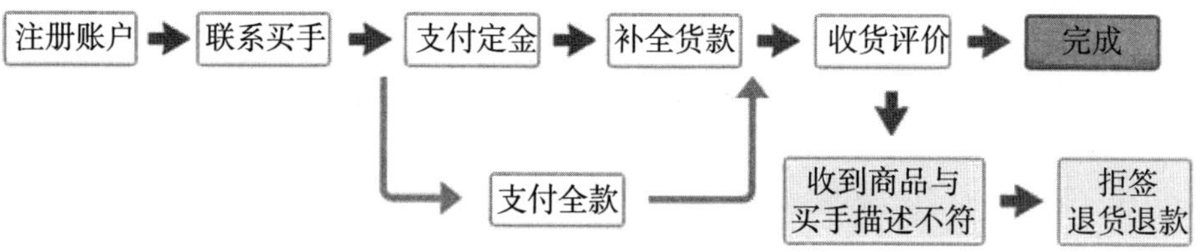

图9－2　洋码头交易流程

二、商家开店三步骤

Step 1　开店准备

1. 注册洋码头账户

点击注册 > >

2. 激活邮箱

3. 完善资料

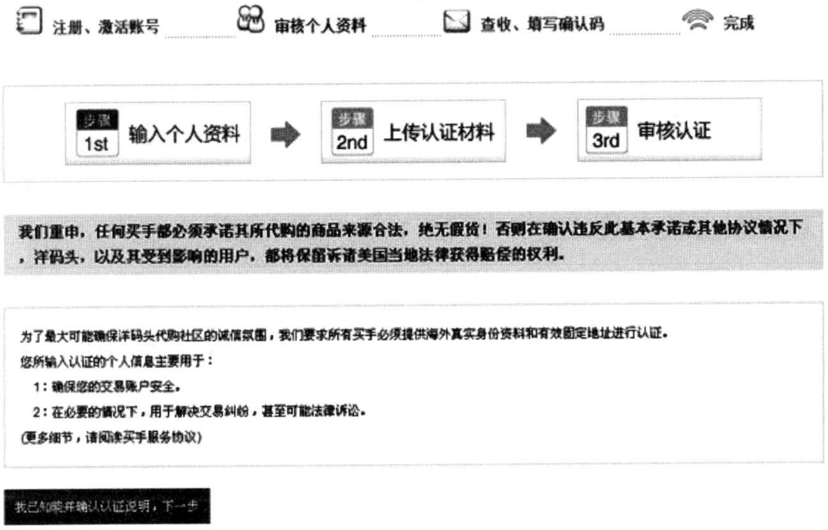

注册、激活账号　审核个人资料　查收、填写确认码　完成

步骤 1st 输入个人资料 → 步骤 2nd 上传认证材料 → 步骤 3rd 审核认证

我们重申，任何买手都必须承诺其所代购的商品来源合法，绝无假货！否则在确认违反此基本承诺或其他协议情况下，洋码头，以及其受到影响的用户，都将保留诉诸美国当地法律获得赔偿的权利。

为了最大可能确保洋码头代购社区的诚信氛围，我们要求所有买手必须提供海外真实身份资料和有效固定地址进行认证。
您所输入认证的个人信息主要用于：
1：确保您的交易账户安全。
2：在必要的情况下，用于解决交易纠纷，甚至可能法律诉讼。
(更多细节，请阅读买手服务协议)

我已知晓并确认认证说明，下一步

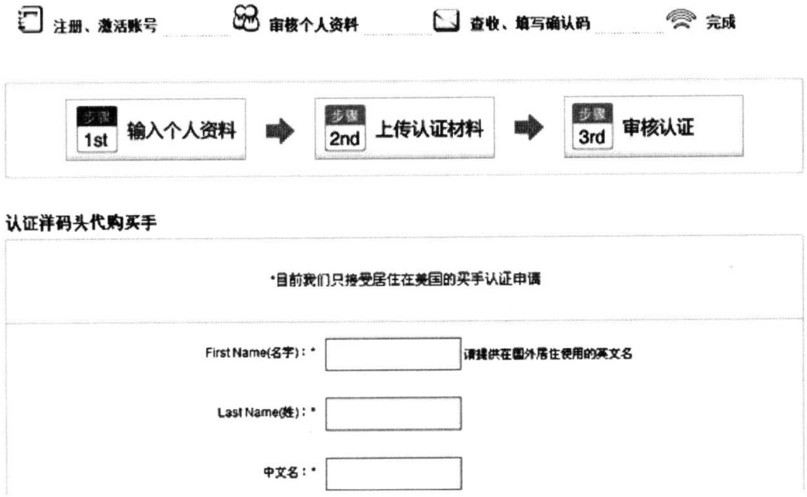

注册、激活账号　审核个人资料　查收、填写确认码　完成

步骤 1st 输入个人资料 → 步骤 2nd 上传认证材料 → 步骤 3rd 审核认证

认证洋码头代购买手

*目前我们只接受居住在美国的买手认证申请

First Name(名字)：* 请提供在国外居住使用的英文名

Last Name(姓)：*

中文名：*

4. 验证资料，完成注册

完善好资料后，洋码头会对买手进行审核是否符合买手资格，审核成功后会发送确认码，完成注册。

5. 准备商品描述及商品图片

Step 2 店铺设置

6. 店铺基本信息设置，买手可以通过“店铺设置”将你的代购小店介绍进行个性展示：

点击注册 > >

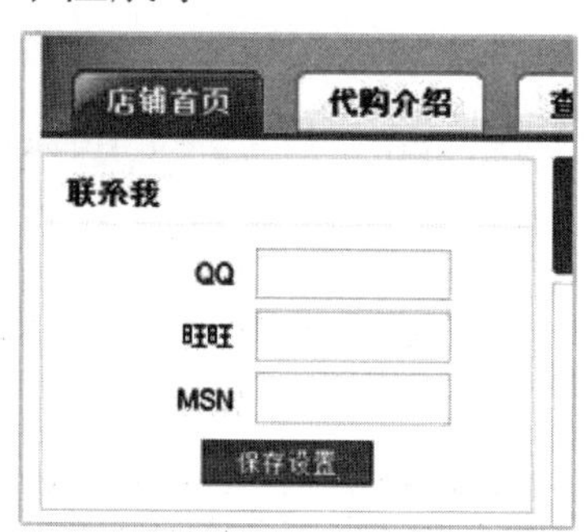

7. 代购设置，买手可以介绍代购流程，代购公式及擅长品牌和分类：进入“我的码头”，在左边管理栏选择“认证管理”。

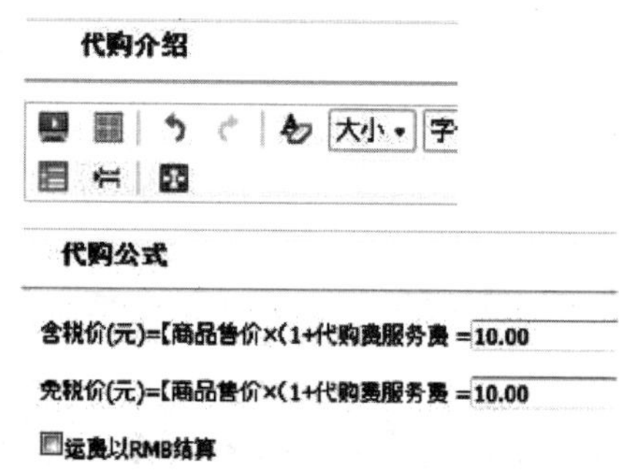

8. 发布现货

（1）登录后，点击“我的码头”。

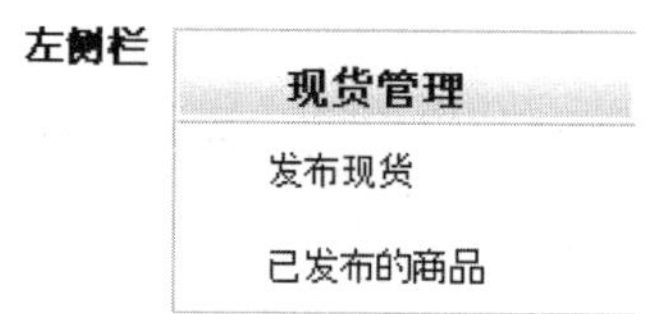

（2）选择类目及品牌。

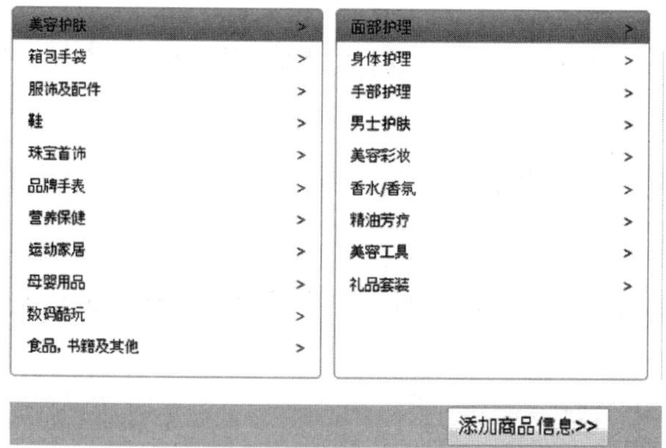

（3）填入所要发布商品的基本信息：商品名称、来源链接、商品描述；并上传对应商品图片（可最多上传 4 张图片）。

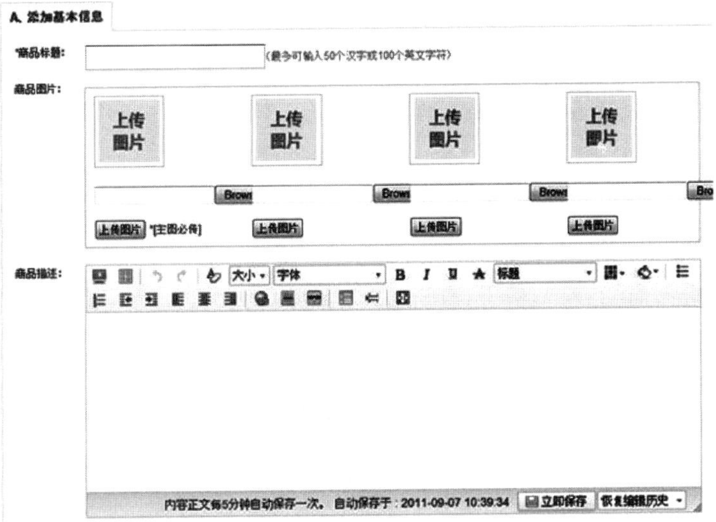

（4）每个商品可以设置多种规格下的多种报价，每一种规格下的报价设置完毕，点“保存”。

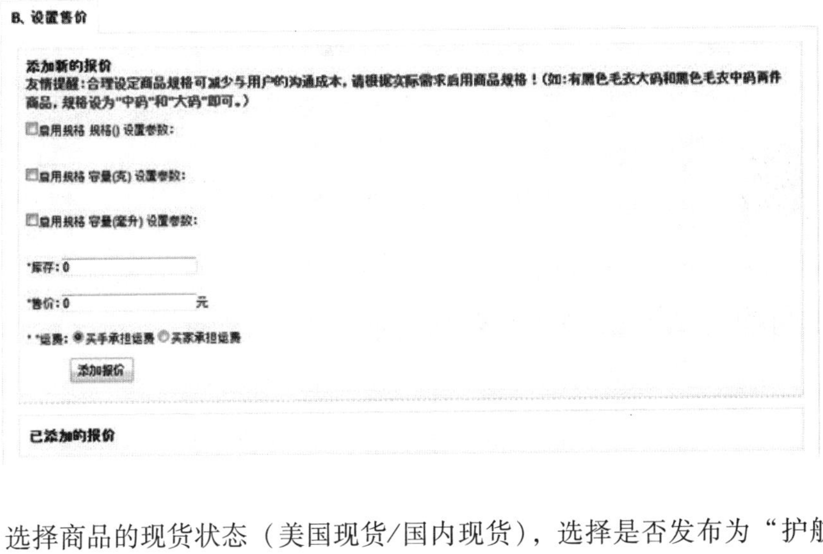

（5）选择商品的现货状态（美国现货/国内现货），选择是否发布为“护航商品”，并设置退货条件，最后点“完成”就大功告成。

Step 3 接单发货

9. 点击“我的码头”

10. 查看交易管理

C、商品限购

*每人限购数量：0 （限制每位买家最多购买数量，0为没有限制）

D、设置其它信息

商品有效期：商品自发布或修改日期起14天后自动下架。商品下架后需要重新上架方可销售。
上架设置：☑发布后上架
现货状态：美国直邮 ☑发布为护航产品 什么是护航商品
退货条件：有条件退货 查看帮助

完成，并返回我的现货！ 完成，并继续发布商品！

进入“我的码头”，在左边管理栏选择“认证管理”。

交易管理

我的订单

11. 确认接单

如买家支付的订金不足，可申请补款；如买家已支付金额，可点击发货。

商品	单价	数量	金额	状态	操作
订单编号：100013282 生成时间：2011-09-07 06:33:52 买家：bluesky 给他发站内信					
主题： 商品名：Belle AF 外套 描述：Size: S $350	50.00	1	定金：50.00元	确认接单 订单详情	发货 申请补款 取消订单

12. 使用洋码头官方物流在线生成物流运单

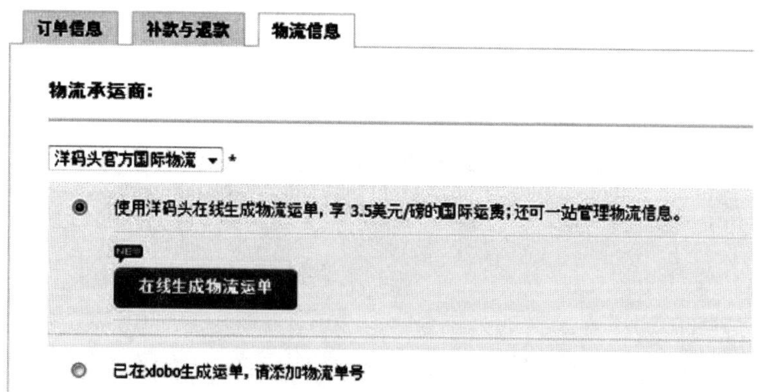

13. 消费者收货评价

9.2.2 保税模式跨境电子商务进口交易流程

相比直购模式，保税进口模式借助了保税港区等特殊海关监管区域的政策优势，采取“整批入区、B2C 邮快件缴纳行邮税出区”的方式，商品进口后存储在海关监管场所，消费者下单后直接从仓库销售到个人，既降低了商家进口货品的成本，也缩短了消费者从下单到收货的时间。（见图 9－3）

一、前期备案

图示第 1 步和第 2 步，电商企业首先需选定海关特殊监管区，在获得入驻园区管委会及口岸相关监管部门（海关、国检等部门）认可，并签订跨境电子商务综合服务合同后，到电子口岸网站注册并办理电子口岸卡。企业登录指定的电子商务服务平台网站，分别开展跨境业务的企业备案与商品备案，待海关以及国检审批通过后，备案完成。海关企业备案和国检企业备案均须电商企业亲自到现场，验证原件。通常海关

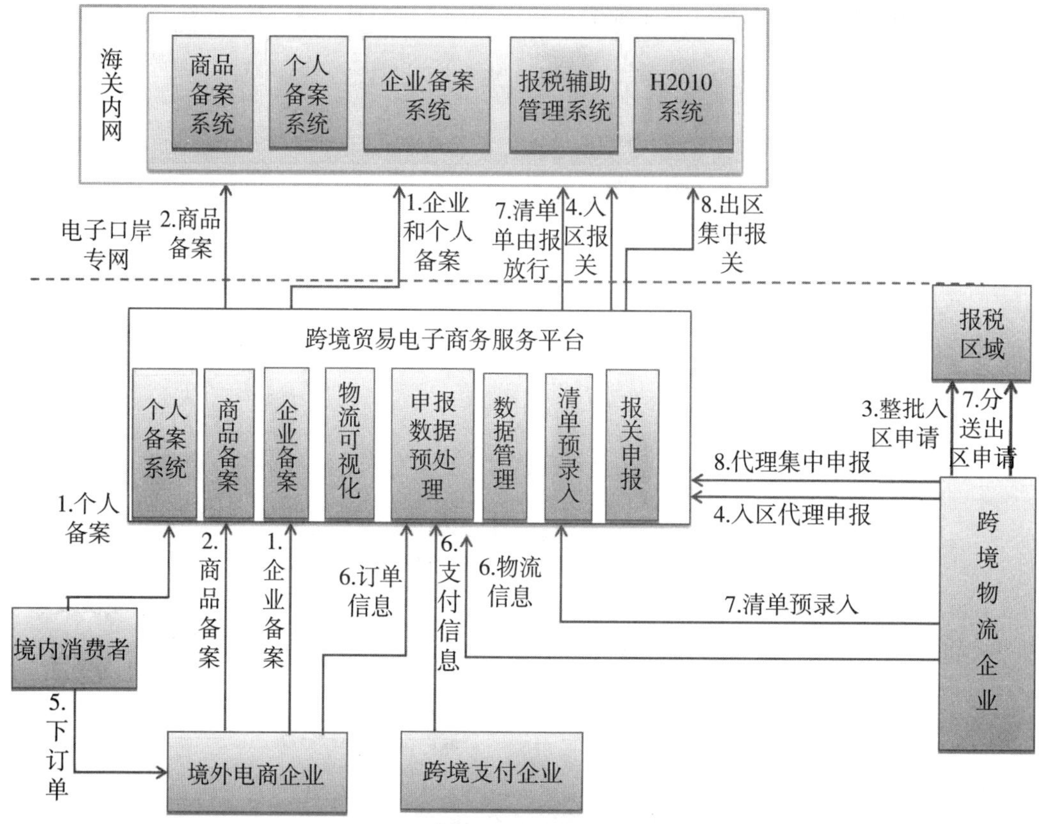

图9－3　保税模式跨境电子商务进口交易流程

企业备案需7～30天，国检企业备案需1～2天，产品海关备案、国检备案需2～3天，各地稍有不同。然后电商企业选定支付公司签约，完成“三单比对”的IT系统对接联调（对接海关、通关公司、支付公司系统）。

二、货品入区

图示第3步和第4步，电商企业在国外统一提前采购商品，通过海运将货物运到保税区，经检验检疫合格后存放在指定的海关监管保税仓内。按“整批入区、B2C邮快件缴纳行邮税出区”办理。第一步普货查验，货物运抵监管中心卡口，海关对照报关单进行普货查验。第二步：仓储物流工作人员理货，为单件货品贴上条码标签并上架。

三、下单出区

图示第5步、第6步和第7步，消费者下网络订单后，电商企业根据订单为商品办理海关、检验检疫等通关手续，并通过跨境贸易电子商务平台与海关监管系统进行订单信息、支付信息、物流信息的数据交换，以个人物品形式申报出区并代为缴纳行邮税；海关和检验检疫部门随机查验抽检。

第 8 步，通过海关审核并完税后，电商企业委托物流公司将商品装箱打包，贴上订单，通过国内快递系统直接派送到消费者手中。

后 记

近年来，我国跨境电子商务发展迅速，已形成了一定的产业集聚和交易规模。支持跨境电子商务发展，有利于“互联网+外贸”实现优进优出，发挥我国制造业的优势，扩大海外营销渠道，合理增加进口，扩大国内消费，促进企业和外贸转型升级；有利于增加就业，推进大众创业、万众创新，打造新的经济增长点；有利于加快实施“一带一路”等国家战略，推动开放型经济发展升级。

为了指导全国外经贸职业院校相关专业建设，深化教育教学改革，适应我国外贸发展方式变化，为跨境电商的发展提供强大的智力基础和人才保障，全国外经贸职业教育教学指导委员会于2015年1月在浙江工商职业技术学院举办了“跨境电子商务人才培养与操作应用研讨培训班”，会上中国商务出版社提议编写跨境电商方面的系列教材，由浙江工商职业技术学院陈明教授牵头，来自汕头市外语外贸职业学校、山东外贸职业学院、宁波大红鹰学院、咸宁职业技术学院的多名老师积极参与，组成了编委会，编写了这本跨境电商实务教材。

跨境电子商务方兴未艾，有关跨境电商的新政策、新观点、新做法将层出不穷。本书编者将及时根据新变化，修订书中不足之处。

编者

2015年8月

教学参考资料索取说明

各位教师：

中国商务出版社为方便采用本教材教学的教师需要，免费提供此教材的教学参考资料（PPT 课件及/或参考答案等）。为确保参考资料仅为教学之用，请填写如下内容，并寄至北京东城区安外大街东后巷 28 号 1 号楼 305 室，中国商务出版社编辑一室，魏红老师收，邮编：100710，电话：010－64218072　64269744，或手机拍照后发邮件至：2996796657@ qq. com 或 bjys@ cctpress. com。我们收到并核实无误后，会通过电子邮件发出教学参考资料。

证　明

兹证明＿＿＿＿＿＿＿＿＿＿大学（学院）＿＿＿＿＿＿院/系＿＿年级＿＿名学生使用书名是《＿＿＿＿＿＿＿＿＿＿＿＿》、作者是＿＿＿＿＿＿＿＿的教材，教授此课的教师共计＿＿位，现需电子课件＿＿＿＿＿套、参考答案＿＿＿套。

教师姓名：＿＿＿＿＿＿＿＿＿　联系电话：＿＿＿＿＿＿＿＿＿＿

手　　机：＿＿＿＿＿＿＿＿＿　E－mail：＿＿＿＿＿＿＿＿＿＿

通信地址：＿＿＿＿＿＿＿＿＿＿＿＿＿＿＿＿＿＿＿＿＿＿＿＿＿

邮政编码：＿＿＿＿＿＿

院/系主任＿＿＿＿＿＿＿（签字）

（院/系公章）

＿＿年＿月＿日